Ma vie selon Moi

Sylvaine Jaoui
Illustrations de Colonel Moutarde

Ma vie selon Moi

Le grand moment que j'attendais

– 1 –

RAGEOT

Cet ouvrage a été imprimé sur un papier
issu de forêts gérées durablement,
de sources contrôlées.

Une première édition de ces textes
a paru sous les titres
Rien à déclarer ?, *Mais qui aime qui ?*,
et *À la folie, pas du tout !* (Bac and Love).

Notes et articles de Sylvaine Jaoui.

Conception graphique intérieure : Anaïs Louvet.

ISBN : 978-2-7002-5658-1

À mes lectrices et lecteurs bien-aimés,
qui sont les meilleurs amis de Justine, Léa, Jim
et les autres,
depuis le début de l'aventure !
Merci...

LE CASTING

LE CLUB DES CIK (lire cinq ou « c'est un cas » au choix)

Justine : seize ans. Un mètre soixante-dix pour cinquante kilos. Toujours en jean et en Converse. Fleur bleue, gaffeuse et rêveuse. Aime les films et les chansons d'amour. Vit avec ses parents et son frère Théo. Terminale S sans conviction. Meilleure amie : Léa (et aussi Patou, la girafe du zoo).

Léa : dix-sept ans. Petite et plutôt ronde. Porte de la dentelle noire, des Doc et de gros bijoux d'argent. Surnommée la sorcière, elle s'intéresse à la voyance et au paranormal. Vit avec sa mère et sa grand-mère depuis la mort de son père. Terminale L spécialité théâtre.

Nicolas : dix-sept ans. Dom Juan. A un langage de charretier. Adore tout ce qui est informatique et bricolage. Cousin de Justine et meilleur ami de Jim. Vit avec son père depuis un an à cause de disputes fréquentes avec sa mère. Terminale STI.

Jim : dix-sept ans. Brun musclé. Vrai gentil qui a toujours des attentions pour chacun mais grand nerveux. A arrêté ses études et travaille au *Paradisio* en attendant de passer son monitorat de judo. A traversé une période difficile (fugues nombreuses) et a avec son père une relation exécrable.

LE CASTING

Ingrid : dix-sept ans. Bimbo du groupe. Passe son temps à tester son pouvoir de séduction sur tous les garçons, ce qui a le don d'agacer toutes les filles. Enfant unique d'un couple âgé. Préoccupée par la mode, les vêtements et les chanteuses à succès. Est sortie avec Jim et Nicolas, il y a longtemps. Terminale ES.

Les autres personnages

Thibault : beau garçon châtain, élégant et énigmatique.

Adam : étudiant en lettres. Très attiré par Léa.
Peter : prof d'art dramatique de Léa. Joue avec son cœur.
Anna : double d'Yseult, son amie. Vit pour chanter.
Yseult : double d'Anna, son amie. Vit pour chanter. (Anna et Yseult sont surnommées les jumelles.)
Patou : la girafe du zoo, animal fétiche de Justine.
Claire : mère de Léa.
Eugénie : grand-mère infernale et géniale de Léa.
Laurent et Sophie : parents de Justine.
Théo : petit frère surdoué de Justine.

Step et Tagada

Léa – Mais pourquoi on lui a dit oui ?

Justine – Parce qu'on avait envie de lui faire plaisir et que c'était l'occasion de se bouger.

Léa – Et ça va durer jusqu'à la fin de l'année ?

Justine – Non, a priori, c'est juste pour deux semaines.

Léa – Moi, je ne tiendrai jamais, je te préviens.

Justine – Tu ne crois pas que tu exagères ?

Léa – C'est vraiment grave si je ne viens pas ?

Justine – Oui.

Léa – Tu es sûre ?

Justine – Certaine ! Je pense même que c'est ta présence qui lui sera la plus utile.

Léa – Tu veux me faire culpabiliser ?

Justine – Absolument pas.

Léa – Je ne vois pas en quoi je peux lui être utile, je hais le sport sous toutes ses formes.

Justine – C'est exactement pour ça que tu es indispensable. Jim doit absolument s'entraîner à gérer un groupe de débutants aux compétences différentes. La proposition de Gilberto d'assurer le remplacement du prof de step est une super occasion pour lui. Il n'a pas le droit à l'erreur, il doit faire ses preuves dès les premières minutes.

Léa – Ça j'ai compris, mais moi, je risque de fausser sa vision des choses. Ce n'est pas que j'aie un niveau différent des autres, c'est que je suis, comment dire ? Je suis...

Justine – Un pur esprit ?

Léa – Voilà c'est ça ! Je suis un pur esprit. Vous croyez que j'ai un corps alors que c'est juste une forme visible pour apparaître. Je ne suis pas en mesure de l'utiliser à d'autres fins.

Justine – N'importe quoi ! Allez Fantômette, il est onze heures moins cinq, on descend.

Léa – Non, attends un peu... C'est pas très grave si on loupe le début.

Justine – Si, c'est grave, c'est essentiel l'échauffement ! Allez courage ma Léa, une heure de step, ça n'a jamais tué personne !

Léa – Si, moi ! Déjà que monter les escaliers pour venir chez toi ça me fatigue, alors monter dix fois de suite la même marche à toute allure pour rien...

Justine – Dix fois de suite ? Tu rêves ?

Léa – Quoi, c'est plus de dix fois ?

Justine – Je te laisse la surprise.

Léa – Je t'en supplie, Justine, je ne peux pas y aller. Fais quelque chose pour moi ! Je t'ai aidée dans des situations critiques alors essaie de me trouver une solution honorable. Si tu refuses, je suis fichue.

J'ai éclaté de rire. La proposition de Jim de donner un ou deux cours de step au club des CIK+I avait été très bien accueillie par tout le monde, sauf par Léa. Les garçons y voyaient l'occasion de se forger un ventre façon plaquette de chocolat et Ingrid répétait à qui voulait l'entendre qu'un coach perso lui ferait un point commun de plus avec Marie-Ange Casta.

En ce qui me concerne, j'étais folle de joie à l'idée de partager une activité le dimanche matin avec mon prince. Ce serait plus facile dans ces conditions de lui proposer un déjeuner, de rester l'après-midi sur son canapé et peut-être de finir dans son lit.

Seule Léa était désespérée.

Léa – On va faire ça dans le jardin ?

Justine – Non, le temps ne s'y prête pas. Thibault a proposé son salon. En poussant le canapé et la table basse, on aura suffisamment de place.

Léa – Je suis coincée, pire qu'une souris prise au piège.

Justine – Oui, mais une jolie souris avec un ventre plat et des fesses en acier.

Jim

À tous mes potes : Oui, moi je vais encore vous pousser à faire du sport surtout après lecture de ceci.

Le sport n'est pas juste un passe-temps, il est bénéfique sur bien des plans :

1- les troubles cardio-vasculaires ;

2- les problèmes traumatologiques ;

3- les conséquences d'un hyperfonctionnement sur l'appareil locomoteur ;

4- les problèmes liés au dopage.

Aujourd'hui, 11h08 · J'aime · Commenter

Thibault aime ça.

Lorsque nous sommes descendues, Jim était arrivé et prenait un café avec Thibault. Mon prince a ouvert avec un grand sourire.

Thibault – Bonjour les filles !

Justine – Salut !

Jim – Prêtes à vous modeler un corps de rêve ?

Justine – Pourquoi, tu pratiques aussi la chirurgie esthétique ?

Jim – T'en as pas besoin.

Justine – Ah oui ? Tu m'as vue de profil ?

Jim – Oui, ça fait des années que je te vois de profil et je te trouve super sexy ! Tous les garçons ne fantasment pas sur le 95 C, tu sais.

Thibault – Je suis d'accord avec Jim. Même de très près et surtout sans vêtements, je te trouve très sexy.

J'ai mitraillé Thibault du regard. Mais il est fou ou quoi, de balancer devant Jim qu'il m'a vue toute nue ? Je suis censée faire quoi maintenant ? Adopter un air dégagé ? Baisser les yeux comme une fille prise en flag ? Je suis mal, hyper mal...

Jim – Ah désolé, j'ai dû louper un épisode.

Je m'apprêtais à hurler : « Non, il ne s'est rien passé, t'as rien loupé », quand Thibault m'a devancée. Il a dit d'un air décontracté à mon meilleur ami :

Thibault – Je ne savais pas qu'il fallait t'envoyer un faire-part le jour J.

Jim a esquissé un sourire, mais à la façon dont il a serré les poings j'ai compris qu'il se retenait de ne pas sauter sur Thibault pour le réduire en bouillie. Léa s'est penchée vers moi discrètement. C'est sûr, elle allait me rassurer sur la rivalité des deux lions...

Léa – Je raterai le deuxième cours, je serai à Londres.

Justine – Quoi ???

Léa – Je loupe le prochain cours de step puisque je pars en Angleterre, jeudi soir, avec ma classe. Je suis trop soulagée.

Mais je rêve, là ? C'est vraiment elle, ma meilleure amie ? Mon frère de lait et mon amant sont à deux doigts de s'étriper à cause de moi, on est limite fait divers de *Closer*, et elle se réjouit de manquer un cours de step ! Je lui ai chuchoté d'un air plein de reproches :

Justine – Tu ne crois pas qu'il y a plus grave ?

Léa – Quoi ?

À son air étonné, j'ai compris que l'écoute compassionnelle ultrasonique de ma sorcière bien-aimée avait une limite : la perspective de fournir des efforts physiques.

– Salut la compagnie !

Oh non ! Pas elle, pas à jeun...

Jim – Bonjour Ingrid.

J'ai accroché avec difficulté un sourire à mes lèvres et je me suis retournée pour la saluer. C'est vrai, il y avait assez de tension sans que j'en rajoute avec mon antipathie naturelle pour cette fille. Malheureusement, le spectacle qu'elle m'a offert ne m'a pas permis de rester plus longtemps sur cette énergie positive.

Ingrid, en minishort et body rose satin, nous regardait d'un regard faussement mutin. Elle avait poussé le vice jusqu'à se maquiller les yeux, la bouche et les joues dans un dégradé de rose bonbon brillant.

Ingrid – Alors, vous me trouvez comment ?

Jim – T'es quand même pas venue comme ça depuis chez toi ?

Ingrid – Non... Je n'ai pas envie de déprimer toutes les femmes que je croise. J'avais mis ça par-dessus.

Et ressortant dans le jardin, elle a ramassé la doudoune rose flashy (taillée pour un Pygmée ayant des problèmes de croissance) qu'elle avait laissée dans l'herbe. Elle l'a enfilée.

Ingrid – Et voilà le travail !

Justine – Ah oui, c'est beaucoup plus discret comme ça !

Ingrid – Oui, on voit moins mon corps, source universelle de désirs.

Mais elle est stupide ! Je viens de lui balancer une remarque assassine et elle croit que c'est du premier degré.

Ingrid – Bon, et à part Justine qui joke, qu'en pensent les autres ?

Ah ben non, elle a compris.

Jim – C'est... comment dire ? Très joli mais... pas très adapté à un cours de step. Il vaudrait mieux un tee-shirt en coton pour transpirer et un short large. Tu n'as pas ça dans ton armoire ?

Ingrid – Ah non, quelle horreur !

Comment ça quelle horreur ??? On va faire une heure de step, pas un documentaire sur les go-go-danseuses.

Jim – Bon, il est déjà onze heures dix, on commence le cours.

Léa – On n'attend pas Nicolas ?

Jim – Non, je lui ai déjà téléphoné cinq fois, s'il ne se lève pas, tant pis.

Léa – C'est pas sympa de commencer sans lui, je vais le prévenir, moi !

C'est la première fois que Léa insiste pour réveiller mon cousin ! Il faut croire qu'une heure de step l'épouvante vraiment.

Elle s'est littéralement envolée à l'étage.

Jim – Nous sommes obligés d'attendre maintenant.

Ingrid a soupiré et s'est allongée sur le canapé. Elle a sorti de son sac – rose évidemment – un livre.

Ingrid – C'est trop top...

Thibault – Ah oui ? C'est de qui ?

Ingrid – Nicole Richie, la richissime héritière. Quand tu lis cette autobiographie si sensible, tu te rends compte que cette fille a une profondeur.

Justine – De bonnets...

Ingrid – Quoi ?

Justine – La profondeur, c'est juste pour les bonnets de son soutien-gorge. Il n'y a que là qu'elle en a...

Je reconnais que ce n'était pas très malin comme remarque mais je n'ai pas pu m'en empêcher. Sachant que les seules préoccupations de Nicole Richie dans la vie, ce sont ses mèches et son dernier sac Fendi, je me sens obligée d'intervenir quand on parle de sa profondeur d'esprit !

Ingrid – C'est vraiment dommage, Justine, que tu t'attaches tant aux apparences.

C'est à moi qu'elle s'adresse, la reine de la superficialité ? Les grognements d'ours de mon cousin m'ont empêchée de remettre la peste à sa place.

Nicolas – Putain, on avait programmé fin de matinée, je peux savoir pourquoi vous me gonflez aux aurores ?

Jim – Regarde ta montre.

Nicolas – Je préférerais boire un café.

Une vraie réussite, ce rendez-vous sportif ! On mesure une superbe solidarité.

Thibault – Je propose un petit-déjeuner light pour chacun, histoire de se réveiller et de ne pas infliger sa mauvaise humeur aux autres.

Nicolas – C'est pour moi que tu dis ça ?

Thibault – Non, pourquoi ?

Jim – Arrêtez le massacre. Je sais que vous me rendez service en acceptant d'être des cobayes pour mon cours, mais ça a l'air d'être une vraie galère pour vous. Alors, n'en parlons plus.

Durant un quart de seconde, j'ai vu briller une flamme de joie dans les yeux de Léa, pourtant, très vite, son amitié pour Jim l'a emporté.

Léa – Au contraire ! C'est un super cadeau que tu nous fais, Jim, et on en a tous conscience. Il faut juste s'organiser... Moi, je compte sur toi pour faire disparaître mes bourrelets.

Nicolas – Ne le prends pas mal, mec, tu sais bien que je suis un vrai pitbull le matin.

Justine – Je n'ai rien à ajouter, tout a été dit. Nous pouvons donc commencer la séance.

Jim – Vous êtes sûrs ?

Thibault – Absolument certains.

Jim a installé un step en face de chacun de nous et on a suivi avec attention sa présentation. On en était à : « le cours consiste en une série de montées et de descentes successives sur une plate-forme de quinze centimètres » lorsque Léa s'est écriée :

Léa – Où est Ingrid ?

Tiens, c'est vrai, la peste a disparu ! Remarquez, ce n'est pas à moi qu'elle manque lorsqu'elle est absente. À tous les coups, on va la retrouver dans la salle de bains, en train de s'épiler un poil imaginaire ou de remettre une couche de rose girly sur ses ongles.

Nicolas a hurlé :

Nicolas – Ingrid, dépêche, on t'attend.

Elle a répondu depuis la salle de bains :

Ingrid – J'arrive... deux secondes... Je viens d'avoir une idée de génie.

Je me suis allongée sur le parquet près des portes-fenêtres et j'ai regardé le ciel à l'envers. J'adore... Cette position donne l'impression d'être une particule et d'être aspirée par les nuages. Les éclats de rire du club des CIK+I m'ont obligée à redescendre sur terre à une allure vertigineuse.

Nicolas – Mais qu'est-ce que tu lui as infligé, à ce malheureux ?

Je me suis redressée et là, le spectacle le plus « incredible » du monde s'est offert à moi. Lulu Cracra, le furet, lové dans les bras d'Ingrid, avait la queue entièrement teinte en rose fuchsia.

Jim – Il va rester comme ça à vie ?

Ingrid – Non, ça part à l'eau. J'avais acheté une bombe pour me faire des mèches mais j'ai préféré customiser Lulu. T'as pas un appareil, Thibault ? Comme ça j'aurai une photo hyper tendance pour mon book.

Je ne sais pas s'il a un appareil, en tout cas moi j'ai le numéro de la SPA. Non, mais c'est dingue la capacité qu'a cette fille de transformer un être vivant en accessoire de mode.

Thibault – Oui, j'ai un excellent appareil numérique, je vais le chercher.

Ben voyons, t'as raison, cours mon garçon. Une photo comme celle-ci ne se rate pas ! Finalement, je me demande si Thibault est l'homme dont je rêve. Je l'imaginais plus centré, plus calme, pas le genre à se laisser manipuler par Pink-Peste.

Thibault – Vas-y Ingrid, prends la pose, je mitraille.

Il n'en a pas fallu plus à Miss Chamallow pour jouer la star. Et une pose lascive sur le canapé, une ! Et une roulade sur le parquet, les yeux dans les yeux avec Lulu Cracra, une ! Et un sourire Ultrabrite avec le furet sur l'épaule, sa queue en écharpe, un.

D'Ingrid ou de Thibault, je ne savais plus très bien lequel j'avais envie d'attraper pour taper sur l'autre.

Léa a rapproché son tapis du mien. Oh Léa, mon amie fidèle, ma valeur sûre, j'ai besoin de ton soutien pour supporter le spectacle de mon homme rendant hommage à la féminité d'une autre. Elle a chuchoté :

Léa – Comme Jim travaille à treize heures, le cours ne durera pas plus de trente minutes. Longue vie à Ingrid la rose !

Je crois que je les déteste tous.

Nicolas – Putain, on le commence ce cours ! Je me suis pas levé à l'aube pour voir une meuf avec un pauvre furet punk.

Non, pink le furet. Ah oui, punk aussi...

La tagueuse de Lulu et le paparazzi ont réintégré leurs tapis et la séance a repris.

Jim – Je recommence ma présentation. Désolé pour ceux qui l'ont déjà entendue, mais c'est important pour moi de faire un cours en continu. Donc, je reprends : le cours consiste en une série de montées et de descentes successives sur une plate-forme de quinze centimètres. Vous pourrez utiliser un surélévateur de vingt ou vingt-cinq centimètres en fonction de votre niveau de pratique.

Je me suis penchée vers Léa en ricanant.

Justine – Tu vois, fallait pas t'inquiéter. Si c'est trop facile pour toi, tu pourras corser le mouvement en rehaussant ton step.

Ma meilleure amie ne s'est pas donné la peine de se retourner, mais j'ai senti des ondes négatives vibrer tout autour de moi.

Jim – N'oubliez pas de vous hydrater régulièrement et pensez à bien dérouler le pied en montant sur le step. Quand vous redescendez, ne vous éloignez pas de plus d'un pas du step. D'accord ?

On a répondu d'une seule voix moins une (inutile de vous préciser laquelle) :

– D'accord !

Jim – Avant de commencer la chorégraphie, nous allons procéder à l'échauffement.

Léa s'est retournée vers moi affolée.

Léa – Quoi, on va danser, aussi ???

Justine – Non, c'est l'ensemble des différents pas qu'on appelle comme ça.

Léa – Comment ça des pas différents ? Un pas c'est un pas, non ?

Jim – Un problème, Justine ?

Justine – Non, Léa me demandait juste ce qu'était la chorégraphie.

Jim – C'est l'ensemble des différents pas. Ne t'inquiète pas, Léa, tu les mémoriseras sans problème.

J'ai entendu Léa bougonner :

Léa – On mémorise un poème, mais comment on mémorise de la marche à pied ?

Je n'ai pas commenté.

Jim – Bien, commençons l'échauffement.

Léa – Ce n'était pas ça l'échauffement ?

Jim – Non. Là, c'était juste la présentation du cours. L'échauffement a deux buts : chauffer les muscles et augmenter les pulsations cardiaques.

À l'annonce de « chauffer les muscles » et « augmenter les pulsations cardiaques », j'ai imaginé la grimace atroce qui devait déformer le joli visage de ma meilleure amie.

Léa – Je crois que je ne vais pas y arriver.

Jim lui a souri comme un dentiste sourit à son patient lorsqu'il approche de sa bouche avec sa fraise qui vrille. Un sourire de réconfort qui signifie : « Désolé, mais il faut en passer par là. »

C'est drôle parce que nous étions cinq élèves à ce cours, pourtant on n'entendait que les plaintes de Léa. Son stress emplissait l'espace. J'ai soudain réalisé que nous avions tous nos zones d'inaptitude et qu'à tour de rôle nous nous réconfortions les uns les autres. Cette fois-ci, nous étions là pour protéger Léa. Elle le méritait.

Ingrid a glissé discrètement à Thibault (enfin discrètement pour Ingrid, c'est à peu près soixante mille décibels, on en a donc tous profité) :

Ingrid – Eh ben, elle a du mal Léa ! Au lieu de lire des auteurs compliqués qui prennent la tête, elle devrait faire plus de sport. C'est important de savoir qu'on a un corps. Remarque, en ce qui me concerne, je ne peux pas l'oublier, les garçons me le rappellent en permanence.

Je vais lui rappeler que j'ai des poings, moi, si elle s'avise d'approcher MON homme de trop près.

Jim – J'aimerais que vous vous absteniez de vous mêler des difficultés de vos voisins durant le cours. On reprend... Vous écartez les jambes, fléchissez-les légèrement...

Jim a regardé Léa, il a répété en insistant sur la dernière partie de la phrase.

Jim – Fléchissez légèrement... Fléchissez...

Léa qui s'était d'abord hissée sur la pointe des pieds s'est accroupie d'un coup.

Jim – Fléchissez, je n'ai pas dit « pliez » !

Ma meilleure amie, qui habituellement chipote sur la moindre nuance de vocabulaire, n'a pas compris ce qu'il lui demandait. Il a fallu que Jim lui montre la bonne position.

Jim – Bien… On s'étire vers le plafond, on se grandit, les deux mains à la taille. Rentrez les abdos, serrez les fessiers, flexion des jambes.

Jim est passé dans les rangs. Enfin, dans le rang puisqu'on n'était que cinq.

Jim – Ingrid, tes abdos… Nicolas et Justine c'est bien. Thibault, fléchis les jambes. Léa…

Notre coach perso n'a pas fini sa phrase. Il y avait de quoi ! Léa avait inventé une posture qui n'avait strictement rien à voir avec celle demandée.

Jim n'a pas cherché à lui redonner la consigne oralement, il a enfoncé son index dans son ventre pour qu'elle contracte ses abdos puis il a appuyé lourdement sur ses jambes pour qu'elle les fléchisse. Un peu comme si Léa était en pâte à modeler.

Jim – Bien, maintenant, vous tirez les épaules vers l'arrière. Vers l'arrière Léa… On fait un mouvement de balancier avec les bras de droite à gauche. Attention, cercle avec les bras… Ah merde !

Nicolas – Quoi ?

Jim – J'ai complètement oublié de mettre la musique.

Nicolas – Mets-la maintenant.

Jim – Ouais, mais il ne faut surtout pas que je l'oublie le jour de mon premier cours au *Paradisio*.

Jim a branché son iPod sur ses minibaffles.

Nicolas – C'est quoi cette daube ?

Jim – C'est le rythme qu'il faut pour l'entraînement. Donc je reprends : mouvement de balancier, cercle avec les bras, les mains volent vers le plafond...

Léa – Des mains qui volent... enfin un peu de poésie !

Jim – On pousse les bras vers la poitrine, pointes de pieds vers le sol, poings serrés.

Jim nous a observés avec attention pour voir si nous respections ses instructions. Lorsqu'il a regardé Léa, il a réprimé un sourire. Je ne sais pas quel lien existe chez ma meilleure amie entre le corps et la langue française, mais si je ne la connaissais pas depuis l'enfance j'aurais juré qu'elle n'était pas francophone. Elle levait ses deux poings en l'air comme un leader politique annonçant la victoire de son parti. Elle a vite réalisé que sa posture ne ressemblait en rien à celle de Nicolas qui était à ses côtés et, se tournant vers moi, elle a tenté de m'imiter. Peine perdue.

Jim – Bien... Maintenant que vous avez compris les mouvements, on va les combiner sur un rythme de quatre : balancier, cercle, bras vers la poitrine, épaules en arrière. Et un, et deux, et trois, et quatre... Vous avez l'ensemble dans la tête ?

Encore une fois, cinq voix moins une ont répondu :

– Oui !

Jim – Alors on tape le step avec les pieds, talon droit, talon gauche. Maintenant la pointe, et droite... Et gauche... et un, et deux, et trois, et quatre... D'abord la droite, Léa... La droite !

J'ai senti comme une nuance d'agacement dans le ton de Jim.

Jim – La droite, c'est le côté de la main avec laquelle tu écris.

Léa – J'ai fait exactement comme toi.

Jim – Oui, mais comme je suis en face de toi, tu dois inverser la posture.

Léa – Ah si tu fais exprès de nous montrer des trucs faux pour nous emmêler, je ne vois pas bien comment on peut y arriver. C'est comme si j'apprenais à lire à un enfant en lui mettant le livre à l'envers parce que je suis de l'autre côté de la table.

Déstabilisé par l'agressivité de Léa, Jim s'est senti obligé de se justifier.

Jim – En temps normal, il y a un miroir sur le mur devant moi, donc vous pouvez copier les mouvements.

Je pensais que les explications de Jim adouciraient ma meilleure amie. Pas du tout. Elle a continué à râler. Lorsque deux peurs de mal faire se rencontrent, ça ne laisse pas beaucoup de place pour l'échange.

Jim – On reprend ! Maintenant on étire la jambe, le talon sur le step, jambe arrière fléchie...

Notre prof bien-aimé a continué l'échauffement : dix minutes de talons écrasés, de jambes droite puis gauche sur le step, de dos arrondi de plus en plus rapidement.

On n'entendait plus une remarque ni un rire. Tout le monde était concentré sur son effort. Tout le monde ? Non... Tout le monde sauf une irréductible petite Gauloise.

Je ne peux rendre compte avec des mots de la prestation de Léa. Ses mouvements désynchronisés et au ralenti auraient laissé croire qu'elle le faisait exprès. Ce n'était rien comparé à ce qui allait suivre.

Alors qu'on effectuait les exercices les plus basiques de montée et de descente du step, non seulement elle a inversé la gauche et la droite, mais elle a aussi confondu l'avant et l'arrière. Résultat, elle s'est retrouvée devant le step et en levant la jambe pour remonter dessus, elle est tombée. On s'est précipités pour la relever. Nicolas n'a pas manqué de se moquer.

Nicolas – T'as bu, chérie ?

C'est la goutte de transpiration qui a fait déborder le step !!! Léa nous a regardés avec un mépris infini et elle est partie en claquant la porte. Jim a continué le cours totalement navré. On sentait que le cœur n'y était plus. Il a d'ailleurs rapidement arrêté, d'autant qu'il était l'heure pour lui de retourner travailler au *Paradisio*.

J'ai rejoint ma meilleure amie qui s'était réfugiée dans la cuisine. Elle était assise sur la table, les pieds sur la machine à laver, et parlait à voix basse dans son portable. J'ai frappé doucement à la porte ouverte pour la prévenir de ma présence.

Léa

Est-ce que quelqu'un m'obligera à faire du step après lecture de ceci ?????

On estime en effet que la pratique sportive est responsable d'environ un millier de décès par an et que 10 % des arrêts maladies sont la conséquence d'une activité sportive. Les incidents et accidents liés au sport peuvent se ranger sous quatre catégories :

1- les troubles cardio-vasculaires ;

2- les problèmes traumatologiques ;

3- les conséquences d'un hyperfonctionnement sur l'appareil locomoteur ;

4- les problèmes liés au dopage.

Aujourd'hui, 17h45 · J'aime · Commenter

Thibault aime ça.

Elle m'a chuchoté, la main sur le combiné :

Léa – Qu'est-ce que tu veux ?

Justine – Rien. Ça va ? Tu ne t'es pas fait mal ?

Léa – Non... Retourne avec les autres pour le cours.

Justine – Mais il est fini le cours !

Léa – Je termine ma conversation et je te rejoins.

Avec qui parlait-elle en cachette ?

Lorsque je suis arrivée dans le salon, Jim était parti travailler et Ingrid avait embarqué Lulu Cracra pour le montrer à son nouveau Jules. Ne me demandez pas lequel... Nicolas assis sur la terrasse fumait une cigarette, en écoutant son répondeur.

Justine – Et Thibault, il est où ?

Mon cousin m'a fait signe de me taire. A priori les affaires reprenaient pour lui. Il a souri en refermant le clapet de son portable.

Nicolas – Thibault ? Euh... il est parti raccompagner Ingrid.

Justine – Où ça ?

Nicolas – Je sais pas. Mais comme elle avait le furet, elle ne voulait pas y aller seule.

C'est pas vrai, quelle peste ! Je me vengerai... Et qu'on ne me demande plus d'être sympa avec elle parce qu'une fois dans sa vie mademoiselle a accompli une bonne action en nous réconciliant, Léa et moi.

– Justiiiiine, tu montes déjeuner s'il te plaît.

J'ai levé la tête. Ma mère m'appelait depuis la fenêtre de ma chambre. Il ne manquait plus qu'elle.

La mère – Nicolas, tu viens aussi ? Ton père n'est pas là ce week-end, il m'a demandé de te nourrir. Je ne t'ai pas vu hier, tu ne m'échapperas pas aujourd'hui.

Nicolas a grommelé :

Nicolas – Il se souvient qu'il a un fils, lui ? Formidable.

Justine – On arrive, maman... Léa est là aussi mais je ne sais pas si elle rentre déjeuner chez elle ou pas. Elle est au téléphone.

La mère – Je rajoute un couvert, elle est la bienvenue.

Quand Léa nous a rejoints dans le jardin, Nicolas s'est précipité pour la prendre dans ses bras.

Nicolas – T'es fâchée ?

Léa – Je préfère ne pas répondre.

Nicolas – Tu ne m'épouseras jamais alors ?

Léa – Je n'ai pas l'intention de devenir une courtisane de harem.

Nicolas – Si c'est la seule chose qui te gêne, je les répudie toutes pour toi.

Mon cousin a eu un rire gêné comme s'il était le premier surpris par ses mots. Il s'est senti obligé d'ajouter :

Nicolas – C'est bon, je déconnais.

Léa – J'espère bien.

J'ai parfois l'impression que ces deux-là finiront ensemble. Non, c'est impossible ! Quoique...

Justine – Tu déjeunes ici Léa ?

Léa – Si tu veux. Tu viens, Nicolas ?

Nicolas – Non merci.

Justine – Pourquoi ?

Nicolas – Parce que soit c'est ta mère qui a cuisiné et j'ai pas envie de manger deux navets et trois carottes bouillis, soit c'est ton père et je risque l'intoxication alimentaire. Je préfère me taper un double cheese tout seul au Mac Do. Allez-y, je fermerai les volets de Thibault.

Justine – Pourquoi, il ne revient pas ?

Nicolas – Non, on lui a téléphoné, il a des gens à voir. Il ne sera pas là avant ce soir.

Justine – Il ne repasse pas après avoir accompagné Ingrid ?

Nicolas – Non.

Où est-ce qu'il va encore celui-là ???

Et si j'en profitais pour fouiller dans ses affaires ? Comme ça, je saurai enfin où il se rend chaque fois qu'un mystérieux inconnu ou une mystérieuse inconnue l'appelle sur son portable.

Je n'ai pas pu suivre l'exemple de Tobie, le héros de mon petit frère, car mes parents s'impatientaient, alors je suis montée à la maison avec Léa.

Léa – T'en fais une tête.

Justine – Imagine-toi qu'Ingrid a demandé à Thibault de la raccompagner.

Léa – Tu vas encore piquer une crise de jalousie ?

Je n'ai même pas eu le temps de répondre, mon père qui nous attendait sur le palier nous a accueillies bruyamment.

Le père – À table les filles, je vous ai mitonné une nouvelle recette !

J'ai chuchoté à Léa :

Justine – Le pire reste à venir.

On a beau se préparer à une catastrophe et penser que le malheur ne déçoit jamais, on est parfois au-dessous de la réalité ! Ajoutant sa touche perso à la fiche cuisine de *Elle* (marinade de cou d'oie farci et ses blettes du jardin), il nous a servi un truc immonde. On a frôlé le vomissement collectif.

Conscient du ratage total de sa recette, il n'a pas insisté pour qu'on goûte ses meringues à la bergamote. Remarquez, Théo l'avait menacé d'appeler le 119, Allô Enfance maltraitée, s'il l'obligeait à finir son assiette.

Avec Léa, on a profité du fou rire de ma mère pour nous replier dans ma chambre.

Justine – Je suis sincèrement désolée pour ce repas.

Léa – C'est ça l'amitié, traverser des épreuves douloureuses ensemble !

J'ai souri à ma meilleure amie. Elle a le chic pour dédramatiser n'importe quelle situation ! On s'est allongées tête-bêche sur mon lit comme on fait depuis qu'on est gamines.

Léa – Ça n'a vraiment pas l'air d'aller, toi. C'est les remontées acides du cou d'oie farci ?

Justine – Pas seulement.

Léa – Tu veux qu'on fasse une séance de la tribu des aimantes ?

Justine – Ouais.

Léa – Alors tu commences.

Ah mais vous ne savez pas, vous, ce qu'est une séance de la tribu des aimantes. C'est une invention de Léa. Sur ses cahiers bleus, elle a écrit un très joli conte dans lequel une petite orpheline rencontre, alors qu'elle est triste et perdue, la tribu des aimantes. C'est un groupe de femmes qui, à la nuit tombée, écoutent les malheurs de celle qui a besoin de se confier. Elles n'essaient pas de trouver des solutions, non, elles écoutent et pleurent avec la chagrinée jusqu'à ce qu'elle n'ait plus de larmes.

Léa et moi, de temps en temps, on programme une séance de la tribu des aimantes. On s'allonge sur le lit en fermant les yeux et à tour de rôle, on se confie ce qui ne va pas.

En vrac.

En général, on mange des fraises Tagada pour se donner du courage mais aujourd'hui, après l'attaque chimique concoctée par mon père, il n'en était pas question. Mieux valait parler à jeun, enfin si je peux dire...

Justine – Thibault m'agace. Il n'essaie pas de se retrouver seul avec moi chez lui. Pire, il évite. Je ne coucherai jamais avec lui. Je ne suis même plus certaine de le vouloir vraiment. Tout à l'heure, quand il a rendu Jim jaloux, j'ai eu envie de le massacrer. Et puis cette façon qu'il a eue de photographier Ingrid. Pauvre type... Il faisait son cirque, je l'ai trouvé lamentable. Ouais, c'est ça lamentable... Je crois que je vais le quitter. Et demain, c'est la rentrée. J'ai rien fichu pendant les vacances. Je vais louper mon bac. Déjà que je suis plate comme une limande. Et puis, je ne suis pas retournée valider ma pré-inscription de juin à la danse. Les cours reprennent jeudi soir, peut-être qu'il n'y aura plus de place. À toi, Léa, j'ai fini...

Léa – Peter ne me donnait plus aucun signe de vie... J'avais l'impression d'être un fantôme. Dans un sursaut, j'ai voulu me prouver que j'existais en sortant avec Adam. Après s'être embrassés en boîte la dernière fois, on est allés chez lui, il m'a déshabillée avec un mélange de passion et de respect. Il m'a confié qu'il m'aimait comme un fou depuis le premier jour. J'étais morte de peur. Je lui ai hurlé de me lâcher. Je lui ai dit que je ne l'aimais pas. Au moment où je m'en allais, Adam a pleuré. J'ai posé ma main sur son épaule pour lui demander pardon, il m'a ordonné de partir vite. Je me déteste de lui avoir fait du mal. J'ai essayé de le rappeler depuis mais je tombe toujours sur sa boîte vocale. Il m'a bloquée sur MSN. En ce qui concerne le lycée, je vais rater mon bac aussi. Je devais lire *Le Banquet* et le *Ménon* de Platon pour la rentrée, je ne les ai pas lus. J'espère que mon voyage à Londres se passera bien, je fais plein de cauchemars dans lesquels je me retrouve dans la rue sans vêtements. Je suis inquiète pour ma mère. Elle n'a personne dans sa vie. Et puis, j'ai été minable avec Jim tout à l'heure, je ne sais pas comment me faire pardonner.

Justine – Je crois que je vais quand même aller chercher les fraises Tagada.

Léa – Ouais, prends le pot de Nutella aussi.

Quand cinq minutes plus tard, j'ai dit à Léa que j'étais heureuse qu'elle soit ma meilleure amie et qu'elle m'a répondu que, sans moi, sa vie serait vraiment triste, on a failli éclater en sanglots. Mais avec notre filet de bave de fraises Tagada qui coulait sur le menton, on n'avait pas tout à fait l'étoffe d'héroïnes tragiques alors on a éclaté de rire.

Évidemment, Théo a pointé son nez.

Théo – Pourquoi vous riez comme ça ?

Justine – On est des pauvres filles que plus aucun garçon n'aime.

Théo – Ben si, moi !

Léa – Oh t'es trop mignon Théo, viens dans mes bras !

Théo – Ah non, il faut pas exagérer.

Et il a disparu.

Avec Léa, on a comaté sur mon lit une bonne partie de l'après-midi en écoutant NRJ. Mes parents étaient partis boire un café chez des amis et avaient laissé mon petit frère devant le DVD de *Charlie et la chocolaterie*.

Justine – Je me demande qui sont ces gens que fréquente Thibault et dont il ne parle jamais.

Léa – Oui... Ce garçon cultive des zones d'ombre.

Justine – Tu crois qu'il voit une autre fille ?

Léa – Je ne sais pas. Il y a quelque chose de très lisse chez Thibault, comme s'il avait un secret à cacher.

Justine – T'as vu une autre fille que moi dans tes cartes et tu n'oses pas me l'avouer ?

Léa – Pas du tout. C'est juste une impression. Mais je croyais qu'il était lamentable et que tu ne l'aimais plus ?

Justine – Et ce serait à cause de cette fille au décolleté généreux qu'il ne veut pas coucher avec moi...

Léa – Arrête ton cinéma.

Justine – En fait, en boîte, il avait bu. Ce qui explique qu'il ait un peu dérapé. En réalité, il ne s'est rien passé parce qu'après m'avoir vue nue dans son lit il a réalisé qu'il n'aimait qu'elle et il l'a rejointe.

Léa – N'importe quoi. C'est dingue cette capacité à se monter la tête toute seule.

– Justine, je peux descendre dans le jardin ? Ma balle est passée par la fenêtre.

Justine – Il lui a fait l'amour toute la matinée et il est revenu près de moi, avec son air d'ange.

– Justine, je peux descendre dans le jardin ? Je dois aller chercher ma balle.

Théo me secouait le bras pour que je lui réponde. Comme si c'était le moment.

Justine – Ouiiiii, mais tu remontes immédiatement. Quand je pense qu'il a eu le culot de me mettre une rose dans les cheveux. Comment n'ai-je pas vu plus clair dans son jeu ?

Léa – Tu ne crois pas que tu t'emballes un peu là ?

Justine – Non, je suis enfin lucide. Crois-moi, ça ne se passera pas comme ça. Je le déteste.

Léa – Il vaudrait mieux que tu te calmes.

Justine – Si ça se trouve il lui raconte à quel point je suis ridicule avec mon grand amour et ils rient tous les deux allongés dans leur lit. C'est immonde ! Elle a dû bien rigoler s'il lui a dit que j'avais embrassé la porte-fenêtre.

– Justine, je suis remonté... Je peux rester un peu avec vous ? Justine, tu m'écoutes ???

Théo, une énorme glace au chocolat dans la main, me hurlait dans les oreilles.

Justine – Quoi ? Qu'est-ce qu'il y a ?

Théo – Je peux rester un peu avec vous ? Je m'ennuie tout seul.

Justine – Si tu veux... Mais qui t'a permis de prendre une glace dans le congélateur ?

Théo – Ce n'est pas une glace de la maison, c'est Thibault qui me l'a donnée.

Justine – Quand ?

Théo – Maintenant.

Justine – Il est chez lui ? Je croyais qu'il ne devait pas rentrer avant ce soir !

Théo – Il ne voulait pas que je joue devant ses fenêtres. Il m'a donné une glace et il a tiré les rideaux.

J'ai regardé Léa, désemparée.

Justine – Qu'est-ce que je te disais ??? En plus il l'amène ici... Comme s'ils ne pouvaient pas rester chez elle ! Je descends. Cette fois-ci, il faut qu'il choisisse entre elle et moi. Tu m'accompagnes ?

Léa – Certainement pas. Et je te demande de réfléchir avant de débarquer chez lui comme une pauvre folle hystérique. Je te rappelle qu'il y a à peine deux mois, on a fait le guet devant son appartement pour le confondre en plein rendez-vous avec Ingrid. Résultat : il était seul et nous ridicules. Le garçon était innocent...

Justine – Tu le défends ?

Léa – De quoi est-il accusé aujourd'hui ?

Justine – D'être avec une fille dans une position qui ne laisse aucun doute sur la nature de leurs rapports.

Léa – Tu as des preuves de ce que tu avances ? Peut-être que cette fille n'existe que dans ton imagination.

Justine – Tu as dit toi-même qu'il cultivait des zones d'ombre.

Léa – Oui, mais je n'ai pas parlé d'une autre fille.

Justine – J'y vais quand même.

Et j'ai descendu l'escalier comme une furie, plantant là une Léa mécontente.

À peine suis-je arrivée dans le jardin que mon cœur s'est mis à battre plus fort. Tant que j'étais dans ma chambre face à Léa, je me sentais prête à toutes les audaces, mais là, seule près des fenêtres de Thibault, ma détermination m'a abandonnée.

En admettant même que j'aie raison et que mon prince soit en train d'embrasser une fille sur son canapé, qu'allais-je bien pouvoir faire ?

Les regarder avec horreur et indignation ?

Me précipiter sur lui pour lui crever les yeux ?

Me jeter sur elle pour lui arracher sa tignasse blonde et ses implants mammaires ?

Pleurer toutes les larmes de mon corps en répétant : « Oh ciel, tu es témoin de sa trahison » ?

Me suicider sur ses baskets pour qu'il soit pétri de remords jusqu'à la fin de sa vie ?

Je n'ai été capable de rien.

Je suis remontée doucement. Léa était dans la cuisine lorsque je suis entrée. Elle m'avait préparé une tasse de thé et des Kleenex.

Léa – Viens boire une tasse d'Earl Grey, il n'y a que ça de vrai dans la vie.

Justine – Je n'y suis pas allée.

Léa – Je sais.

Justine – En fait, je crois que je l'aime vraiment.

Léa – Je sais.

Justine – Je suis verte de jalousie à l'idée qu'une autre fille l'approche.

Léa – Je sais.

Justine – Je voudrais qu'il m'appelle et qu'il me demande de passer la nuit avec lui.

Léa – Je sais.

Justine – Je ne rêve que de cette première fois avec lui.

Léa – Je sais.

Justine – Je voudrais effacer les horreurs que j'ai dites sur lui depuis ce matin.

Léa – Je sais.

Justine – On peut savoir ce que tu ne sais pas ?

Léa – Oui, elles sont où les sucrettes pour le thé ?

¡Hasta
la revolución,
siempre!

Justine – C'est quoi cette démarche de vieille ?

Léa – J'ai des courbatures horribles.

Justine – À cause de quoi ?

Léa – À cause de quoi ? À cause de quoi ? Tu te moques de moi ? Tu ne te souviens pas de la séance de torture avec votre escalier à une marche ?

Justine – Attends, j'y crois pas... Tu n'as pas fait un millième des exercices de step.

Léa – Peut-être mais tu vois le résultat. Quand je te dis que le sport est totalement toxique ! Tu en as la preuve.

Justine – J'ai surtout la preuve que tu es une grosse flemmarde, ouais.

Léa – Flemmarde, j'accepte. Grosse, je te prierai de surveiller tes paroles. Et toi, tu n'as mal nulle part ?

Justine – Si ! Au moral... Moi, c'est cette cour de lycée que je trouve totalement toxique. Dès que je passe la grille d'entrée, j'ai des crampes à l'estomac. Quand je pense que les prochaines vacances, c'est pas avant Noël. Je ne sais pas si je tiendrai jusque-là. Aujourd'hui, j'ai deux heures de physique et une heure de maths, je n'ai qu'une envie, partir en courant.

Léa – T'as de la chance de pouvoir encore courir. Moi, avec mes courbatures, je n'ai même plus cette possibilité.

Justine – Mais quelle comédienne ! Je te rappelle qu'on a deux heures de gym, maintenant. Tu comptes sécher ?

Léa – Non, j'ai ma petite idée.

Effectivement, la sorcière avait une idée. Et je dois avouer que lorsque, au bout d'un tour de cour, je l'ai vue s'effondrer au sol, j'ai vraiment cru qu'elle s'était foulé la cheville. Il faut dire qu'il y avait de quoi se laisser duper. Léa nous a fait le numéro de la fille qui surmonte sa souffrance envers et contre tout, et cherche à se relever dignement. Mme Pivert, la prof, s'est précipitée pour l'aider.

La prof – Doucement, Léa. Surtout, ne posez pas votre pied gauche. Je vous accompagne à l'infirmerie.

Et comme je la regardais s'éloigner, Léa s'est retournée discrètement et m'a fait la grimace la plus infantile du monde. Mais elle a quel âge ???

La prof – Continuez à courir vous autres, je reviens.

Il ne faut pas qu'elle rêve, non plus. J'ai beau ne pas être allergique au sport comme certaines, je ne vais pas courir si je ne suis pas notée. Je me suis assise par terre pour attendre son retour.

Ninon, une fille de ma classe, m'a rejointe.

Ninon – Elle a l'air de s'être fait mal, Léa...

Le surnom de Ninon depuis la sixième est Radio langue de vipère, aussi vous comprendrez que je ne la mette pas dans la confidence.

Justine – Oui, ça a l'air sérieux.

Ninon – C'est pas de chance de se blesser à la première minute du cours de gym, le jour de la rentrée.

Justine – Non, c'est pas de chance.

Je ne suis pas trop géniale dans le rôle de l'écho ?

Ninon – L'avantage pour Léa, c'est qu'elle loupe deux heures de gym et qu'elle va se reposer à l'infirmerie, chez sa grande copine Louise. Ça ne doit pas trop lui déplaire.

Qu'est-ce que je disais à propos de cette fille ! Elle mérite vraiment son surnom.

J'ai tenté une diversion.

Justine – T'as passé de bonnes vacances ?

Ninon – Ouais, pas mal. T'es au courant pour Michael ?

Quoi encore ? Il est bisexuel avec toutefois une attirance particulière pour les chèvres d'alpage ? Il fait du racket de compotes de poires dans une maison de retraite ? Il est parti vivre avec la prof d'anglais dans un ashram au Tibet ? Qu'est-ce que Ninon allait colporter comme rumeur ?

Ninon – Il a été viré.

Justine – Non !!! T'es sûre ? Comment tu sais ça ?

Ninon – Par Lola. Les parents de Michael ont appelé sa mère parce qu'elle est parent délégué. Ils ont reçu la lettre de renvoi pendant les vacances. Ils sont à l'accueil. Le proviseur tarde à les recevoir. Michael est avec eux.

Justine – Mais pourquoi il a été renvoyé ?

Ninon a ménagé son effet.

Après avoir soupiré, elle a murmuré en baissant les yeux, façon Laurence Ferrari annonçant au journal de vingt heures que le serial killer de Pouilly-en-Auxois est un bon père de famille, directeur d'école et pompier bénévole :

Ninon – Les petites cuillères, c'était lui.

Si je n'avais pas été assise, j'aurais dégringolé par terre. Quoi, encore cette histoire ?

Je vous explique...

Au mois de février, l'an dernier, la CPE est passée d'un air grave dans les classes annoncer que tout élève surpris en possession de petites cuillères de la cantine serait sévèrement puni. On est tous tombés des nues. On ne savait pas que quelqu'un s'amusait à voler des couverts.

La psychose de la petite cuillère a continué. Quelques jours plus tard, un commando de surveillance a été mis en place. On ne pouvait plus prendre de couverts à la cantine sans avoir trois paires d'yeux braqués sur nos mains. Lorsque les adultes transforment un léger problème en question de principe, les choses deviennent absurdes. Du coup, les élèves ont cherché à ridiculiser l'action de la direction.

Des slogans ont commencé à circuler : « Une petite cuillère, sinon rien... Une petite cuillère, parce que je le vaux bien » ou encore « Lycée Colette, le numéro 1 de la petite cuillère en France ». Une élève de terminale option arts plastiques a fait ses planches pour le dossier du bac sur l'évolution des couverts au cours des siècles. Son dessin de petite cuillère stylisée était si beau que sa classe a décidé de le scanner et de l'imprimer sur des tee-shirts. Début mai, c'est devenu un commerce. Les terminales vendaient, à la sortie du lycée, des tee-shirts en trois tailles dans deux couleurs différentes. Un succès !!! Avec l'argent gagné, ils ont organisé une soirée spoon wave. Chacun devait venir avec une petite cuillère qu'il mettait dans un grand bac situé à l'entrée. Elles ont été déversées devant la cantine le lundi matin.

Cette initiative en a appelé d'autres. Une élève de première L a écrit *Le Monologue de la petite cuillère* et certains passages ont été tagués sur les murs extérieurs de l'établissement. Bref la spoon attitude a déferlé sur le lycée et a donné lieu chaque semaine à un happening.

Le bac et les vacances sont arrivés, on est passés à autre chose.

Mais le maniaque de la petite cuillère a de nouveau frappé à la rentrée. La répression n'a pas tardé. Deux semaines avant les vacances de la Toussaint, la CPE flanquée de deux surveillants « maton » a fait une descente dans toutes les classes avec pour seul message : tout élève pris en possession d'une petite cuillère de la cantine sera renvoyé sur-le-champ. Et ils nous ont distribué le nouveau règlement du lycée avec une procédure expresse d'exclusion en cas de subtilisation de couverts. Cette fois personne n'a ri. On a senti que la situation n'avait plus rien du gag et que ça allait saigner pour celui ou celle qui s'amuserait à défier l'autorité.

Alors apprendre ce matin que ce Che Guevara de la cuillère, ce Robespierre du couvert, n'était autre que mon copain Michael, ça m'a sciée. Certes, il avait déjà été inquiété pour antisèche dissimulée dans son portable, imitation de la baleine en rut durant le cours de maths et fausses excuses d'enterrement les jours de contrôles (à ce jour et à ma connaissance, Michael a enterré depuis la sixième trois grands-mères, deux oncles et une cousine) mais s'il avait joué un rôle quelconque dans l'affaire des petites cuillères, je l'aurais su.

Justine – Comment ils savent que c'est lui ?

Ninon – Il paraît que la veille des vacances, ils l'ont chopé à la sortie avec cinq petites cuillères dans son sac. Il a juré qu'il ne les avait pas volées.

Justine – Peut-être que c'est vrai. Quelqu'un a pu les glisser dans ses affaires.

Ninon – Et la pièce sous ton oreiller quand tu perds une dent, tu crois encore que c'est la petite souris ? Sois réaliste Justine, ça ressemble à Michael cette histoire. Il s'est fait prendre, c'est dommage, seulement il était prévenu.

C'est dingue, plus je parle avec Ninon, plus j'aime Ingrid. Elle est peut-être très agaçante mais au moins elle a du cœur alors que celle-ci...

Comme la prof de gym ne revenait pas de l'infirmerie, j'ai décidé d'aller à l'accueil voir Michael. Il avait certainement besoin d'un peu de réconfort.

Je l'ai trouvé, assis sur l'horrible canapé en skaï noir, coincé entre son père et sa mère. Deux yuccas rachitiques tendaient leurs feuilles jaunies vers eux. Quand il m'a aperçue, il s'est levé d'un bond avec un large sourire mais ses parents l'ont tiré chacun d'un côté par un bras pour qu'il se rasseye. Malgré le regard noir de son père, je me suis avancée.

Justine – Bonjour monsieur, bonjour madame.

J'ai eu droit à un hochement de tête militaire et à un sourire crispé qui en disait long sur leur désir de me voir rester près de leur fils.

Justine – Ça va Michael ?

Michael – J'ai connu mieux.

Justine – Alors, ils t'accusent d'être le serial spooner ?

Michael – Oui mais je ne suis pour rien dans cette affaire. Je me suis piégé tout seul.

Justine – Je peux faire quelque chose pour toi ?

Michael – Je ne crois pas.

Justine – Tu m'appelles si vous avez réussi à voir le proviseur ?

Michael – Oui...

Et baissant la voix :

Michael – Si mon père ne m'a pas massacré avant.

Je lui ai souri...

La prof de gym avait repris son poste lorsque je suis revenue dans la cour. Je me suis mêlée à un groupe au moment où elle tournait la tête et j'ai couru avec les autres. Ni vu ni connu, je t'embrouille ! Ninon s'est arrangée pour se retrouver à mes côtés.

Ninon – Tu l'as vu ? Il est dans quel état ?

C'est une interview pour *50 minutes inside* ?

Justine – Il est avec ses parents à l'accueil.

Oui, d'accord, elle le sait déjà. C'est même elle qui m'a donné l'info mais je le fais exprès. Je n'ai pas l'intention de participer à son entreprise de commérage.

Comme je craignais d'en dire plus que je ne le souhaitais, j'ai accéléré progressivement. Il ne m'a pas fallu plus d'un tour de cour pour épuiser Ninon. La prof, ravie de voir une de ses élèves prendre au sérieux le travail d'endurance, m'a félicitée.

Ce qui est formidable dans la course à pied, c'est que si les jambes et le cœur travaillent à plein régime, ils laissent à l'esprit le loisir de gambader. Et là, mon esprit a sacrément gambadé.

Que voulait dire Michael par « Je ne suis pour rien dans cette affaire, je me suis piégé tout seul » ?

S'il était innocent, allions-nous le laisser condamner sans intervenir ? Les élèves ne sont-ils que des pions sur un échiquier où les rois et les fous ont tout le pouvoir ?

Comme la prof nous a lâchés dix minutes avant la sonnerie pour qu'on ait le temps de se rhabiller, je me suis précipitée à l'infirmerie pour récupérer mon éclopée et lui raconter ce que j'avais appris.

Léa était assise dans un fauteuil et tirait les cartes à Louise quand je suis entrée.

Justine – Sympa l'ambiance boule de cristal !

Louise – Bonjour Justine.

Justine – Bonjour Louise.

Au lycée, il y a deux infirmières qui travaillent à mi-temps. Lorsque tu entres dans ce lieu, tu as deux possibilités : le bagne ou le paradis.

Si c'est le jour de Mme Sabot (eh oui, c'est son nom !), tu reçois un accueil glacial qui te donne la nette sensation que si tu demandes de l'aide, tu le paieras très cher. La majorité des élèves ne passent jamais le seuil de la porte quand ils savent qu'elle est là. Quand c'est le jour de Louise, il en va autrement. Elle a toujours sa bouilloire branchée et écoute avec attention ce qui te pose problème. Si elle est vraiment gentille, il ne faut pas croire pour autant qu'elle est stupide. Elle détecte les faux symptômes plus vite que son ombre et renvoie les comédiens au bout de cinq minutes. Seule exception : Léa !

La sorcière a tous les droits du moment qu'elle tire les cartes à Louise. Il faut dire qu'elle lui a annoncé la naissance de son fils au mois près, alors que le médecin parlait de stérilité. Et qu'elle l'a prévenue d'un problème sur un contrat que son mari devait signer. Du coup, Louise a demandé conseil à un avocat. Bien lui en a pris, il y avait une clause écrite en caractères minuscules qui aurait provoqué une véritable catastrophe professionnelle. Vous comprenez pourquoi, depuis, ma meilleure amie peut considérer l'infirmerie « les jours Louise » comme sa deuxième maison.

Justine – Comment tu savais que c'était pas Sabot ce matin ?

Léa – J'ai vérifié en arrivant.

Louise – Tu veux un thé, Justine ?

Justine – Oui, je veux bien.

Louise – Alors ces vacances ?

Justine – Pas mal mais trop courtes comme toutes les vacances.

Louise – Il paraît que vous avez travaillé le 1er novembre pour la fleuriste près de l'église ? Si j'avais su, je serais passée vous soutenir.

Justine – Tu ne nous aurais pas trouvées... On est parties plus tôt que prévu, Léa m'a proposé une activité de papy-sitting. Moins bien payé quoique plus sympa.

Léa a ajouté, tout en continuant à battre ses tarots de divination :

Léa – Ah oui, j'ai oublié de te raconter, Louise. C'est sans importance.

C'est bien ma meilleure amie, ça, ne jamais parler de ses bonnes actions. D'ailleurs, sa grande théorie est « Si on dit le bien qu'on a fait à autrui, le bénéfice est pour soi et il n'y a pas de quoi se vanter ».

Justine – Sans importance, tu exagères. Il faut que tu saches, Louise, que la sorcière a encore frappé : elle a sauvé un grand-père du désespoir.

Léa – Je n'étais pas seule. On était cinq, je te rappelle !

Justine – Sans toi, on n'aurait rien fait.

Léa – Sans les autres, on ne fait jamais rien. L'injustice se combat à plusieurs.

Justine – À propos d'injustice, vous êtes au courant pour Michael ?

Louise – Quel Michael ?

Justine – Michael Monet, le rigolo qui est dans ma classe.

Léa – Qu'est-ce qui lui arrive ?

Justine – Il a été renvoyé, on l'accuse d'être le serial voleur de petites cuillères.

Léa – Incroyable ! Alors c'était lui…

Louise – Il n'est pas le seul à en voler parce que je me souviens du jour où la CPE était folle furieuse parce que des petites cuillères avaient disparu à la cantine.

Léa – Et en quoi cela prouve son innocence cette fois-là ?

Louise – C'était un mardi et Michael était arrivé à la pause de dix heures avec une fièvre de cheval. Comme je n'arrivais pas à joindre ses parents, il a dormi à l'infirmerie toute la journée.

Justine – Donc, il dit peut-être vrai quand il jure qu'il ne les a pas volées.

Louise – C'est possible.

Léa n'a rien ajouté mais j'ai bien vu qu'elle tirait les cartes en se concentrant sur un visage imaginaire. Avec Louise, on a attendu dans un silence d'initiées.

Léa – C'est lui et c'est pas lui.

Justine – T'as pas plus clair comme verdict ?

Léa – Non ! En tout cas, il est injustement accusé aujourd'hui.

Louise – Si la dernière fois il n'était pas coupable et qu'il ne l'est pas aujourd'hui, il y a peut-être de l'erreur judiciaire dans l'air.

Justine – Qu'est-ce qu'on peut faire ?

Léa – Lui demander sa version des faits et l'observer. Si je l'ai en face de moi, je saurai s'il dit ou non la vérité.

J'ai renoncé à l'Earl Grey de Louise et on a foncé à l'accueil.

Justine – Je te préviens, ses parents ne laissent personne l'approcher. Ils ont fait une sale tête quand je lui ai parlé tout à l'heure.

Léa – Alors tu restes à l'entrée, j'y vais seule.

Je me suis cachée derrière le panneau d'absence des profs pour observer la confrontation. J'étais curieuse de voir comment la sorcière allait s'y prendre pour forcer le barrage des deux cerbères.

C'est pas vrai ! Incroyable ! Mais qu'est-ce qu'elle leur a dit ? Léa, après avoir prononcé deux phrases tout au plus, s'était vu proposer la place du père sur l'affreux canapé. Et là, elle discutait tranquillement avec Michael sous le regard bienveillant de ses parents. La cloche n'avait pas encore sonné quand ma meilleure amie s'est levée et m'a rejointe.

Justine – C'était quoi ton secret pour convaincre les parents de Michael ?

Léa – Pas le temps, Justine. Il faut agir vite.

Justine – Comment ?

Léa – Je ne sais pas, ce dont je suis sûre c'est que Michael est innocent.

Justine – Qu'est-ce qu'on peut faire pour lui ?

Léa – Il faut trouver le moyen de parler au proviseur.

Justine – En short avec une bouée à tête de canard ?

Léa – Quoi ?

Justine – Tu te souviens de la fameuse histoire de mon père et de son copain Vincent à la fac : « Sous l'université, la plage ! » Tu veux un remake ?

Léa m'a regardée en plissant les yeux.

Ouh là aux abris... Dans trois minutes, tempête d'idées de sorcière.

Léa – Il faut empêcher les élèves de remonter en cours à la sonnerie. Assemblée générale immédiate, préavis de grève et ¡Hasta la revolución, siempre!

Qu'est-ce que je disais!

Léa

Je ne sais plus lequel d'entre vous m'a demandé qui était le Che. Lisez ce que j'ai trouvé sur Internet. C'est passionnant!

Nom et prénom : Guevara Ernesto.

Surnoms : Le Che, Che Guevara.

Dates : Né le 14 juin 1928 à Rosario de Santa Fé en Argentine. Mort le 9 octobre 1967 à La Higuera, en Bolivie, sous les balles de l'armée bolivienne.

Parcours politique : Étudiant en médecine argentin, il voyage à travers l'Amérique latine et découvre la grande pauvreté dans laquelle vit la majorité de la population. Il conclut que seule une révolution marxiste peut abolir ces inégalités socio-économiques. Après un séjour au Guatemala, il rejoint le mouvement révolutionnaire dirigé par le cubain Fidel Castro, qui concourt au renversement du dictateur Batista à Cuba en 1959. Après avoir collaboré au nouveau gouvernement de La Havane et écrit divers ouvrages, Guevara quitte Cuba pour le Congo puis la Bolivie, où il tente de propager la révolution. Il est arrêté par l'armée bolivienne et exécuté en octobre 1967.

Aujourd'hui il est à la fois une icône, un modèle pour certains, un personnage controversé pour des historiens et... un motif de tee-shirt.

Aujourd'hui, 21h44 · J'aime · Commenter

Thibault aime ça.

Léa – Je demande aux garçons de bloquer les escaliers et toi, tu préviens le plus de monde possible. Organisons une chaîne. Chaque élève averti doit à son tour avertir au moins trois élèves. Commence par Ingrid, elle dispose d'un réseau de pestes qui cancanent plus vite que leur ombre. Il nous reste sept minutes avant la sonnerie, c'est très court mais jouable. Top chrono...

Ce que j'adore avec Léa, c'est qu'elle est capable d'organiser une révolution en moins de deux et de changer le cours de l'histoire. Enfin, le cours de l'histoire du lycée Colette.

Au lieu de vous raconter les minutes qui ont suivi, j'aimerais pouvoir vous projeter la scène du film.

Gros plan en accéléré : Moi-Ingrid blablabla.

Je marche à toute allure.

Gros plan en accéléré : Moi-Ninon blablabla.

Je marche à toute allure.

Gros plan en accéléré : Moi-Brice blablabla.

Ce plan répété vingt fois de suite puis soudain la cour du lycée vue du ciel. Et là, des dizaines d'élèves se déplaçant comme des automates et se penchant vers leurs camarades pour délivrer l'information.

La cloche a sonné. Durant quelques dixièmes de seconde, l'agitation a cessé. Puis certains élèves se sont dirigés vers les escaliers pour remonter en cours.

Ben, où ils vont ?

Justine – Paul, tu fais quoi ?

Paul – Je vais en physique.

Justine – T'es au courant pour Michael ?

Paul – Oui, mais j'ai pas envie de payer pour ses conneries.

Justine – Il est innocent. La direction l'accuse à tort.

Paul – Ah bon ? Ninon vient de me dire qu'il a été attrapé avant les vacances avec cinq petites cuillères dans son sac.

Oh la briseuse de grève.

Justine – C'est pas lui qui les y a mises.

Paul – Bien sûr que si. Tu connais Michael, il adore ce genre de plan. Seulement cette fois ça ne passera pas. Avec le nouveau règlement et le bac à la fin de l'année, c'est pas le moment de chatouiller la CPE.

Des élèves qui s'étaient approchés pour écouter Paul lui ont donné raison.

Paul – Désolé, Justine, c'est pas contre toi mais moi, je remonte en cours.

Hugo – Ouais, moi aussi.

Camille – Moi aussi.

Margaux – Moi aussi.

Des dizaines de moi aussi...

Je comprends maintenant pourquoi on a attendu 1789 pour que les Français se décident à organiser une révolution. Le temps qu'ils réalisent qu'ils étaient opprimés, affamés, injustement traités, il leur a fallu dix-huit siècles. Ça en fait des années scolaires...

Je me préparais mentalement à un changement définitif de nationalité lorsque j'ai entendu une voix familière hurler :

– Aujourd'hui Michael et demain, ça sera n'importe lequel d'entre nous ! Allons-nous laisser l'un des nôtres être renvoyé injustement ?

Léa la rouge ! Léa des Bois ! Léa sur son cheval noir qui signe d'un grand L qui veut dire Léa...

Paul – Cinq petites cuillères piquées à la cantine après les avertissements de la direction, c'est une raison suffisante pour être renvoyé. Je ne vois pas où est l'injustice.

Léa – On a la preuve que ce n'était pas lui.

Ah bon, elle a une preuve ? Tout à l'heure, c'était juste une intime conviction.

Léa – Donnez-moi les moyens de parler au proviseur et vous verrez...

Comme Paul, désormais représentant des jaunes, semblait hésiter, Léa a porté l'estocade finale.

Léa – Je vous demande une heure de votre temps pour éviter une injustice qui pourrait bousiller la vie d'un de vos copains de classe.

– Moi, je te suis Léa. Parce que tu ne te trompes jamais sur les gens et que si tu t'engages, c'est que tu sais ce que tu fais.

Je rêve ou c'est Ingrid qui a parlé... Mais elle va finir par devenir une vraie amie. On va être obligé de « caster » quelqu'un d'autre pour le personnage de la peste si elle continue à être aussi sympa.

Léa – Merci Ingrid pour ta confiance, ça me touche beaucoup.

Ingrid – Il n'y a pas de quoi. Même si vous n'avez jamais su m'apprécier à ma juste valeur à cause de mon physique, je vous pardonne. Vous saurez maintenant que l'amie ne fait pas le moine.

Erratum : on ne va pas modifier tout de suite le casting. On va peut-être la garder, elle a du potentiel.

Thibault et Nicolas, qui avaient quitté leur poste de vigile dans les escaliers et nous avaient rejoints, ont fini de convaincre la foule.

Nicolas – Moi aussi, je te suis Léa. Je te connais depuis un bail et t'es pas le genre de meuf à entraîner les autres dans un plan foireux.

Thibault – Tu peux compter sur moi. Je te connais depuis peu mais j'ai déjà eu l'occasion de voir à quel point tu es une fille formidable.

Oui, bon ça va. Léa est formidable mais c'est pas une raison pour lui faire une déclaration enflammée. Je rappelle que c'est moi qui l'ai branchée sur le dossier Michael. J'ai été la première à adhérer au comité de soutien à une époque où Léa buvait encore du Earl Grey avec Louise. Je passerai d'ailleurs sous silence les raisons fallacieuses qui l'ont menée à l'infirmerie.

Non, je ne suis pas mesquine... Je rétablis la vérité.

Léa – Merci à tous les deux. Mais avant de voter ou non la grève générale, je voudrais rendre justice à Justine. C'est elle qui la première s'est mobilisée en faveur de Michael et sans elle, je ne serais pas ici pour vous convaincre d'agir.

Je dois avouer que c'est parfois un peu pénible de vivre à côté d'une si belle âme.

Paul – Écoute, Léa, tu es effectivement une fille plutôt mesurée alors je veux bien t'écouter mais je te préviens, je ne sécherai pas les cours plus d'une heure. Qu'est-ce que tu proposes ?

Léa – Je pense qu'il faut voter la grève générale sans préavis, avec pour motif le renvoi injustifié d'un de nos camarades. Deux d'entre nous seront choisis pour représenter les élèves. Ils iront annoncer la grève à la CPE et exigeront une entrevue avec le proviseur.

Paul – On ne risque pas l'exclusion, nous aussi, en restant dans la cour ?

Léa – Je les vois mal renvoyer l'ensemble des élèves. De plus, les responsables de cet établissement ne peuvent pas nous faire la leçon avec le droit, la justice, la démocratie et refuser de nous laisser la parole pour prendre la défense d'un de nos camarades. Nous allons procéder au vote à main levée. Les délégués de chaque classe compteront le nombre de grévistes.

Un vrai succès !!! Je n'annoncerai pas l'unanimité parce qu'il y a évidemment eu quelques fayots qui sont remontés en cours. Léa a été choisie comme représentante des élèves et Thibault s'est proposé pour l'accompagner. Il est évident que son allure de garçon bien élevé allait faire un malheur.

Oh ce qu'il est beau en sauveur du peuple... Ça y est, je retombe dingue amoureuse, j'ai de l'électricité jusque dans les pieds juste en le regardant.

En fait, Léa et Thibault n'ont pas eu le temps de jouer les ambassadeurs car la CPE, flanquée de ses deux surveillants favoris, a débarqué dans la cour avec son air des mauvais jours.

Il faut avouer que moins de quinze élèves en classe dix minutes après la sonnerie, ça faisait désordre. Léa s'est avancée vers elle avec sa détermination habituelle.

Léa – Bonjour madame Poulard, nous vous cherchions justement.

La CPE – Pourquoi n'êtes-vous pas en cours alors que vos professeurs vous attendent depuis plus de dix minutes ?

Léa – La grève générale a été votée par la presque totalité des élèves du lycée !

La CPE – C'est une plaisanterie, j'espère ?

Léa – Non madame, sauf le respect que je vous dois...

Je ne sais pas comment Léa a résisté au regard assassin de Mme Poulard, mais elle n'a pas cillé.

La CPE – Vous êtes-vous chargée personnellement de l'organisation de cette... de cette rébellion ?

Léa – Oui, madame.

La CPE – Avez-vous idée, mademoiselle Flavigny, de ce que vous risquez à cause de ce comportement irresponsable ?

Léa – J'espère la reconnaissance de la direction, madame. Elle me saura gré de lui éviter une injustice. Michael n'est pas coupable.

Mme Poulard a viré au cramoisi et a émis un rire de psychopathe au moment où il découpe l'héroïne façon volaille dans les films d'horreur. Je dois avouer que si j'avais été à la place de Léa, j'aurais immédiatement demandé pardon à genoux. Mais ma meilleure amie est restée de marbre devant la menace de mise à mort qui planait sur elle. Nicolas qui a senti Léa en danger est intervenu.

Nicolas – Contrairement à ce que Léa dit pour nous protéger, elle n'a pas organisé seule cette grève. Je l'ai aidée.

Thibault – Même chose pour moi.

La CPE – Vous aussi monsieur de l'Amétrine ? Quelle déception pour votre père qui aime tant l'ordre.

Allez, courage Justine, dénonce-toi aussi. Si tu ne regardes pas la Poulard au moment où tu parles, tes genoux ne joueront pas des castagnettes.

Justine – Moi également.

Tu vois, ce n'était pas si difficile. Bon, la voix de souris aphone est à revoir, sinon le message était clair.

La CPE – Bien, suivez-moi tous les quatre dans le bureau de monsieur le proviseur. Puisque vous avez tant de compassion pour votre ami Michael, vous partagerez son sort.

Ingrid – Alors je viens aussi.

Bien qu'Ingrid ait prononcé cette phrase d'un ton mélodramatique, j'ai été touchée.

La CPE – Je vous en prie, mademoiselle. S'il y a d'autres volontaires pour un renvoi, il y a encore de la place.

Paul – Je vous accompagne.

Étymologie du mot « grève »

Jusqu'en 1830, l'actuelle place de l'Hôtel-de-Ville à Paris est appelée « la place de Grève » ou « la Grève ». Elle descend en effet en pente douce jusqu'au bord de la Seine, d'où son nom de « grève », c'est-à-dire un rivage de sable ou de gravier. Les ouvriers sans travail se réunissent sur la place de Grève où les entrepreneurs viennent les embaucher. « Faire grève », « être en grève » signifie donc se tenir sur la place de Grève pour chercher du travail. Le sens actuel est donc presque un contresens !

Je ne sais pas si le courage est contagieux mais la CPE s'est retrouvée en très peu de temps avec une cinquantaine de candidats. On l'a sentie dépassée par la situation. Elle s'est raclé la gorge plusieurs fois avant de déclarer :

La CPE – Mademoiselle Flavigny, suivez-moi immédiatement, quant aux autres, je vous conseille de regagner vos salles de cours.

Personne n'a bougé. Lorsqu'un peuple n'obéit plus au tyran, celui-ci n'est plus qu'un être solitaire qui donne des ordres au vent. Mme Poulard a compris qu'elle était en perte de crédibilité mais elle n'a rien trouvé à dire. C'est Léa qui lui a sauvé la mise.

Léa – Madame Poulard, nous souhaiterions, Thibault de l'Amétrine et moi-même, en tant que représentants des élèves de ce lycée, avoir une entrevue avec le proviseur. Il n'est pas question de continuer à paralyser la bonne marche de l'établissement et il nous suffira d'à peine dix minutes pour lever le doute sur cet affreux malentendu. Nos camarades nous attendront dans la cour, nous n'allons pas envahir le bureau de monsieur le proviseur, n'est-ce pas ?

Je crois que si Mme Poulard avait eu la possibilité de dire ce qu'elle pensait, nous aurions entendu un truc du genre : « Foutez-moi ce tas de salopards au trou, après une semaine de pain sec et d'eau croupie, ils feront moins les marioles. » Mais elle est la CPE très BCBG d'un établissement scolaire du second degré et pas colonel d'un détachement de parachutistes, alors elle s'est contentée de répondre :

La CPE – J'allais vous en intimer l'ordre.

Léa lui a souri et l'a suivie.

Certains profs qui nous avaient attendus dans les classes étaient descendus et s'informaient des raisons de la grève. Ma prof de philo s'est approchée de moi.

Mme Pouméroulie – Il paraît que vous vous mobilisez contre une injustice ?

Justine – Oui, madame, Michael Monet est accusé à tort du vol des petites cuillères.

Mme Pouméroulie – Et vous avez des arguments sérieux à opposer à la direction pour sauver la tête de ce jeune rebelle ?

Justine – Oui, mais la partie risque d'être rude.

Mme Pouméroulie – Parfait.

Justine – Parfait ???

Mme Pouméroulie – Parfait pour illustrer mon prochain cours sur le pouvoir et la liberté.

Est-ce que les profs sont obligés de toujours percevoir le monde à travers le programme scolaire ? Tout n'est-il donc qu'un prétexte à exercice ?

Le cas Michael ne serait que l'occasion de calculer des pourcentages, de rappeler des événements historiques ou de traduire en anglais ou en espagnol nos revendications ?

Il était onze heures moins le quart et la cour avait pris un air de fin d'année même si les blousons et les manteaux rappelaient qu'on était en novembre. Les élèves s'étaient assis par terre, boissons et gâteaux à la main. Certains partageaient le même iPod, une oreillette chacun, les têtes collées comme des frères siamois.

Moi, j'attendais, l'angoisse au ventre, le retour de Léa et de Thibault. Je me sentais responsable de tout ce bazar. Alors que j'avais arrêté depuis au moins six mois, j'ai recommencé à me ronger les ongles.

– T'as l'air stressée Justine !

Arghhhh !!! Brice... le premier de la classe, le chouchou des profs, l'obéissance faite élève. La seule personne avec laquelle je n'ai pas envie de discuter. Il va me démontrer en trois secondes que cette grève est une erreur monumentale, qu'on a été manipulés par Michael et que ma meilleure amie et mon sauveur de rebelle seront renvoyés par ma faute.

Mais d'ailleurs, qu'est-ce qu'il fait là avec nous ? Je l'imaginais seul en classe avec Mme Michals parlant physique quantique.

Brice – Tu es inquiète pour Michael ?

Ah bon, ce garçon sait qu'il existe des sentiments humains comme l'inquiétude ou l'angoisse ?

Justine – À vrai dire, c'est surtout pour Léa et Thibault que je suis inquiète. Je me demande ce qui va leur arriver chez le proviseur et je me sens responsable.

Brice – Tout se passera bien, j'en suis certain.

Que se passe-t-il aujourd'hui ? Tout le monde change de rôle ? Ingrid devient une fille sur laquelle on peut compter, Brice un super copain.

C'est peut-être une banalité mais, en fait, tous les êtres humains gagnent à être connus. On est plein de préjugés sur les gens et il nous suffit parfois d'un détail pour bâtir un personnage imaginaire qui n'a rien à voir avec la réalité. Un peu comme si l'autre n'était qu'un portemanteau sur lequel on accroche nos fausses croyances.

Brice – Tu veux que je reste avec toi jusqu'à ce qu'ils reviennent ?

Non, là, je n'avais pas accroché mes fausses croyances sur son portemanteau, j'avais affaire à un faux Brice. Jamais le vrai Brice ne ferait une proposition pareille.

Brice – Je vais nous chercher un truc à boire, d'accord ?

Justine – Ouais, c'est sympa.

Bon, j'arrête mes commentaires parce qu'il a été décidé aujourd'hui de me donner tort systématiquement. Alors à partir de maintenant j'accepte l'idée qu'Ingrid est la fille spirituelle de Gandhi et que Brice a repris le flambeau de Coluche pour les Restos du Cœur. Ça va comme ça ?

Brice est revenu cinq minutes plus tard, avec un thé citron pour moi et un chocolat chaud pour lui.

Justine – Ah super, un thé.

Brice – Oui, c'est ce que tu prends toujours à la pause de dix heures, non ?

Justine – Parce que tu regardes ce qu'il y a dans mon gobelet ?

Les joues de Brice ont légèrement rougi.

Attends, j'ai un gros doute là. Le fayot de la classe ne serait quand même pas un amoureux transi ? Oh la honte. Être aimée en secret par lui, c'est carrément un handicap. Je retire tout ce que j'ai dit sur les gens qui gagnent à être connus. Ce genre d'argument est juste bon pour des articles de *Grazia*.

Brice – Oui, toi et Léa vous buvez du thé, Nicolas du Coca, Thibault du café, Ingrid de l'eau minérale, Ninon du chocolat, Michael du Fanta, Juliette du thé...

Je l'ai regardé, stupéfaite.

Brice – Margaux du café, Hugo du chocolat, Ketty du Coca light...

Là, j'ai craqué.

Justine – Tu réalises une enquête sur les habitudes alimentaires des ados au lycée ?

Brice – Non, c'est pour mes statistiques personnelles.

Justine – Ah... Et tu en as beaucoup des comme ça ?

Brice – Oui. Par exemple, les marques de chaussures choisies. Justine Converse, Léa Doc Martens, Nicolas Nike, Thibault...

Mais ce type est complètement fou. Je n'ai pas eu le temps de lui demander à quoi lui servaient ces informations, quelqu'un a hurlé :

– Léa et Thibault reviennent !

Je me suis levée d'un bond et j'ai couru les rejoindre. Je n'ai pas été la seule. Il y a bientôt eu autour d'eux une foule considérable d'élèves. Léa a pris la parole.

Léa – Michael a été innocenté pour le vol des petites cuillères de la cantine.

Elle n'a pas pu continuer, un groupe de garçons a commencé à scander « On est les champions, on est les champions ! », aussitôt relayé par un élégant « Et hop, dans le cul la balayette ! » N'importe quoi.

Ma meilleure amie a exigé le silence.

Léa – La direction m'a chargée de vous informer que si Michael n'a pas volé les petites cuillères de la cantine, il a quand même contribué à l'erreur de jugement de la direction. Je vous lis le communiqué du proviseur : « Voulant créer un "événement", Michael reconnaît avoir volontairement apporté cinq petites cuillères de chez lui et avoir eu durant le repas à la cantine une attitude équivoque faisant croire aux surveillants qu'il était le voleur. Dans la mesure où c'était la dernière heure de cours avant les vacances, la direction a envoyé son courrier sans laisser à Michael la possibilité de justifier son geste. L'élève réintègre ce jour le lycée Colette et le renvoi ne sera pas mentionné dans son livret scolaire. À charge pour lui de ne plus donner aucun motif de plainte jusqu'en juin prochain. »

Des hou hou ont retenti. Léa les a immédiatement arrêtés.

Léa – La direction a reconnu son erreur, notre camarade aussi, il serait idiot d'envenimer la situation.

Un élève a crié :

– Mais comment il a prouvé que les petites cuillères n'étaient pas celles de la cantine ?

Léa – Thibault va vous l'expliquer.

Mon sauveur a pris la parole.

Thibault – Ses cuillères avaient sur le manche un triangle minuscule qui est le symbole de la marque. Sans cela, nous n'aurions jamais pu prouver son innocence.

Léa – Avant de remonter dans nos classes, je voudrais vous dire deux choses. La première c'est que le proviseur souhaite que cette mésaventure nous serve de leçon et que le ou les subtilisateurs de petites cuillères cessent leur jeu. La seconde, c'est que je vous remercie de m'avoir fait confiance. Ensemble, nous avons réussi.

Il y a eu des hourras et des bravos. Je dois avouer qu'une petite larme a coulé sur ma joue gauche. Quelqu'un m'a tendu un Kleenex. Je me suis retournée. Brice...

Il fait quoi, là, des statistiques sur la consommation de mouchoirs en papier ?

Justine – Merci, j'ai oublié d'en prendre ce matin.

Brice – Si tu veux, je t'en donne un autre pour la journée.

Justine – Non, non ça ira.

Malgré mon refus, Brice a fouillé dans son sac pour remettre la main sur son paquet de Kleenex. Comme il ne le trouvait pas, il a sorti un classeur. Un bruit métallique s'est fait entendre. J'ai regardé ce qui était tombé sur le sol.

Une petite cuillère !!!

Est-ce que vous comprenez ce que je viens de comprendre ???

Brice s'est précipité pour la ramasser et il a vérifié subrepticement que personne ne l'avait vu.

– Ça va Justine ?

J'ai levé les yeux, Léa était près de moi.

Léa – T'en fais une tête ! Tu viens d'apercevoir le diable en personne ou quoi ?

Mon regard a croisé celui de Brice. Pendant quelques secondes, j'ai été tentée de hurler : « Léa, c'est lui le serial spooner, une petite cuillère vient de tomber de son sac et il ne doit pas avoir l'esprit tranquille parce qu'il s'est précipité pour la ramasser » mais je n'ai rien dit. J'ai attrapé Léa par le bras et j'ai prononcé d'une voix forte :

Justine – Oui, j'ai vu le diable en personne : une fille capable de fomenter une révolution en trois minutes chrono pour libérer une victime de l'Éducation nationale. Tu vas tout me raconter, hein ?

Et tandis que je m'éloignais avec ma meilleure amie, je me suis retournée. Brice m'a fait le signe des scouts. Trois doigts levés et l'auriculaire plié sous le pouce.

Le grand protège le plus petit. À la vie à la mort…

Spoon mania

Justine – Je suis un peu en retard, désolée. Il est arrivé ?

Léa – Non. Mais les garçons sont planqués à l'arrêt du bus et ils me biperont quand il descendra. On aura le temps de se préparer. Tu te sens mieux qu'hier ?

Justine – Pourquoi tu me demandes ça ?

Léa – Je ne sais pas, je t'ai trouvée un peu bizarre. Comme si quelque chose te contrariait.

Justine – Ah bon...

J'ai baissé les yeux afin que Léa ne voie pas à travers mon âme. Pour une raison inexplicable, je n'avais pas révélé à ma meilleure amie mon incroyable découverte : Brice, le génie du lycée Colette, l'élève rêvé des profs, était le serial spooner.

Léa – Dis donc Justine, tu ne me cacherais pas quelque chose ?

Justine – Non.

Léa a souri.

Léa – Un jour, je t'apprendrai à mentir !

J'essayais d'adopter l'air de la fille qui ne comprend pas de quoi l'autre parle lorsque le portable de Léa a vibré.

Léa – C'est Nicolas, tout le monde en place.

D'un geste de la main, elle a prévenu les élèves qui avaient accepté de venir un peu plus tôt ce matin afin d'accueillir Michael pour son retour au lycée. On s'est tous massés derrière l'escalier des profs.

Lorsqu'on prépare une surprise à un ami, la plus grande joie est pour celui qui l'organise. L'agitation, les fous rires, le contentement, se lisent toujours sur le visage de l'organisateur. La victime, quant à elle, a ce regard perdu de celui qui ne comprend rien à la situation et qui ne peut qu'en rire. Michael n'a pas échappé au scénario. Il a salement sursauté lorsqu'on a surgi en hurlant :

– Pour le retour de Michael, hip hip hip... Hourra !!!

Et devant nos mines hilares, il a haussé les épaules en souriant.

Pour un effet réussi, c'en était un.

Il a proposé une tournée de thé-café-chocolat au distributeur. Alors qu'on se dirigeait vers les machines, j'ai senti qu'on me glissait un papier dans la main. Je me suis retournée.

Brice...

Nooon... je ne veux rien avoir à faire avec ce type ! Ce n'est pas parce que je ne l'ai pas dénoncé que je suis son amie. J'ai jeté ostensiblement sa lettre pour qu'il comprenne bien que je ne désirais entretenir aucun lien avec lui. Il l'a ramassée, l'air de rien, et a continué à marcher.

Durant tout le temps où on a trinqué à la victoire de la Vérité, le psychopathe de la petite cuillère ne m'a pas lâchée des yeux. Même de dos, je sentais son regard me transpercer de part en part.

La cloche a sonné et comme je n'ai pas pris option musique, je ne commençais qu'à dix heures. Je suis restée dans la cour. Évidemment Brice aussi. Je ne savais pas du tout comment j'allais me sortir de cette histoire. Je vous rappelle que l'obsédé de la cuillère est dans ma classe et que je suis obligée de vivre un nombre incalculable d'heures en sa présence.

Tandis que je me dirigeais vers le hall, mon livre de maths à la main, mon portable a sonné. Un numéro inconnu s'est affiché.

J'ai décroché.

Justine – Allô ?

– Justine, c'est Brice...

Le psychopathe se tenait à moins de dix mètres de moi. J'ai raccroché brusquement. Il s'est avancé.

Justine – Bon écoute, Brice, ce que tu fais de tes petites cuillères ne me regarde pas et je ne te dénoncerai pas si c'est ce que tu veux savoir.

Brice – Je le sais.

Justine – Alors pourquoi tu me colles depuis ce matin ?

Brice – Je voudrais juste partager mes expériences avec toi.

Justine – Mais moi, je ne veux rien partager. On n'était pas copains avant, on ne le sera pas maintenant.

Brice a souri d'un air louche.

Brice – Que tu le veuilles ou non, nous sommes liés désormais. Tu es la première personne à qui je parle de mes statistiques.

J'ai dégluti avec difficulté.

Brice – Je t'ai apporté ça, tu dois le lire.

Je n'ai pas osé refuser. J'ai pris la lettre. Dans un dernier sursaut, j'ai quand même réussi à dire :

Justine – Je le lirai quand j'aurai le temps.

Brice – Le plus tôt sera le mieux.

Et il est parti. Mais c'est quoi ce plan ? Je dois absolument en parler à Léa.

Non. Il faudrait que je commence à me conduire en adulte et que je règle mes problèmes seule. En plus elle part à Londres jeudi avec sa classe, si elle me sait aux mains de ce type elle va s'inquiéter.

Et puis peut-être que je stresse pour rien et que Brice, même s'il est spécial, n'est pas si méchant que ça. Je dois reconnaître que j'ai tendance à m'emballer un peu vite.

J'ai déplié la fameuse lettre.

Chère Justine,

Tu es la première personne à qui j'ai osé parler de mes statistiques, tu n'imagines pas comme je suis heureux de partager avec toi mes découvertes.

Désormais, tu sauras absolument tout, je te ferai part du moindre de mes travaux.

Aïe aïe aïe... Non, je retire ce que j'ai dit, le cas est grave.

Je dois t'expliquer ma recherche sur les petites cuillères. Et pour que tu comprennes l'étendue de ma contribution à l'avancée de la science, je t'ai photocopié un article du très sérieux British Medical Journal *repris par* Le Monde. *Lis-le avec attention, nous en reparlerons.*

Même pas en rêve, on en reparle...

« Trois membres d'un institut de recherche australien se sont penchés sur l'un des mystères les plus tenaces du monde contemporain : le cas des petites cuillères qui disparaissent. Tout a commencé le jour où Megan Lim et ses collègues constatent qu'il n'y a plus de petites cuillères dans l'un des huit espaces détente où ils prennent habituellement le thé. Un nouveau lot est aussitôt acheté. Il disparaît en quelques mois. En l'absence de données publiées dans la littérature scientifique, les universitaires australiens se lancent alors dans une étude destinée à répondre à la terrible question qui les taraude : "Mais où sont passées ces petites cuillères ?" »

Ça pour une question existentielle, c'en est une. Il y en a qui ne savent vraiment pas quoi faire de leurs neurones.

Ils ont cherché à déterminer le taux de perte des petites cuillères, l'éventuelle différence du taux de disparition entre locaux collectifs et individuels, l'influence de la qualité de la cuillère, etc.

Juste une question. Ces scientifiques s'occupent-ils de médecine aussi ? Parce que si c'est le cas, je ne mets plus jamais les pieds dans le cabinet d'un médecin.

Après une phase dite « pilote » destinée à une évaluation de la manière dont les petites cuillères disparaissaient dans l'institut, les chercheurs ont acheté 54 cuillères en acier inoxydable et 16 autres d'un modèle plus luxueux.

Eh bien, je vais pouvoir éclairer mon père. Il demande toujours « Mais où va l'argent de nos impôts ? » Je le sais : dans l'achat de petites cuillères par des dingos de chercheurs.

Toutes ont été discrètement numérotées au moyen de vernis à ongles sur la face postérieure du manche.

Petit complément d'info : l'argent de nos impôts sert à l'achat de petites cuillères et... de vernis à ongles !

Les cuillères ont été réparties dans les huit espaces détente. Un comptage a été effectué toutes les semaines pendant deux mois. Les cuillères traînant sur les bureaux ou laissées en évidence étaient récupérées.

Pour ce boulot, ils auraient dû engager ma mère, la reine de la récupération des bols ou des verres sales sur mon bureau. Le problème avec elle, c'est qu'elle ne le fait pas en silence.

Les résultats ont révélé que 80 % des petites cuillères de l'étude ont disparu.

Tu comprends d'autant mieux, Justine, pourquoi il est fondamental que je continue à observer (quitte à mettre la main à la pâte de temps en temps) la durée de vie effective des petites cuillères au lycée.

Mais il est totalement dingo, ce type ! En plus il fausse ses statistiques en volant lui-même les petites cuillères ! À moins qu'il ne cherche à inciter les élèves à la fauche afin de pouvoir continuer ses travaux.

Bien à toi,

Brice sur lequel tu peux désormais compter à tous les moments de ta vie.

J'ai chiffonné la lettre.

Alors là, je me suis mise dans un vrai pétrin. Ce type est un obsessionnel, il est clair qu'il ne me lâchera pas. Bon, je sais ce que je vais faire : je vais lui balancer que j'ai lu son courrier et que je trouve ça totalement ridicule. Il sera vexé et il ne cherchera plus à me parler.

Mauvaise idée. On ne se moque pas d'un psychopathe quand on ne connaît pas ses réactions.

Non, le mieux serait peut-être de faire semblant de m'intéresser à ses recherches sur la vie mystérieuse des petites cuillères. Je lui accorde un moment de temps en temps, il est content et il me fiche la paix.

Oui mais si je fais mine d'apprécier son travail, il va me coller encore plus. Il va s'asseoir à côté de moi en cours, me suivre à la cantine, m'attendre le soir à la sortie. Rien que d'y penser, je stresse à mort !

Lorsque, près de deux heures plus tard, la cloche de la pause du matin a sonné, j'en étais toujours à échafauder des plans pour échapper à Brice.

– T'es restée dans le hall depuis huit heures ?

J'ai poussé un hurlement. Léa a sursauté.

Léa – Je t'ai fait peur ? Excuse-moi.

Justine – Non ! J'étais perdue dans mes pensées et je ne t'ai pas vue arriver.

Allez tant pis, je lui raconte pour le fou, et elle me trouvera la solution.

Non. J'ai dit que je me débrouillerais seule, alors j'assume.

Léa – Justine ???

Justine – Oui ?

Léa – Qu'est-ce que tu cherches à m'apprendre et que tu ne veux pas m'avouer ?

Pas évident d'avoir un jardin secret quand on a une sorcière pour meilleure amie.

Léa – Si tu n'as pas envie de m'en parler, tu as le droit.

Justine – Pour tout t'avouer, c'est un secret qui ne m'appartient pas mais qui me concerne. Alors je ne sais pas comment agir.

Léa – Si tu veux, je te tire les cartes ce soir. Je poserai juste la question suivante : « Comment Justine peut-elle résoudre le problème qu'elle rencontre actuellement ? » et je te livrerai des pistes de réponses.

Justine – Yes !!!!

Léa – Viens, je t'offre un Paic citron au distributeur, t'as l'air gelée. Pourquoi t'es restée dans la cour ? Tu aurais dû aller au CDI travailler.

Justine – Je sais pas.

Léa m'a observée avec un soupçon d'inquiétude dans les yeux. Je lui ai souri.

Léa – Je sens que les cartes ne suffiront pas ce soir. Il va falloir envisager une perfusion de Nutella.

Justine – Accompagnée d'une cuillerée de Coca, sans oublier trois fraises Tagada, matin, midi et soir, avant les repas.

Léa – Exact, docteur.

Quand je suis remontée en classe après la pause, Brice ne m'a même pas regardée. Si je n'avais pas eu sa lettre toute chiffonnée dans la poche de mon jean, j'aurais cru avoir rêvé. Il est resté, comme d'hab, au premier rang, à résoudre en cinq minutes chrono les équations du cent cinquantième degré du prof de maths.

Il a été totalement transparent le reste de la journée et quand, à seize heures, j'ai fini mes cours, je ne l'ai pas aperçu à la sortie. Comme quoi je m'étais inquiétée pour rien.

– Eh oh Justine !

Ah cette voix grave bourrée d'hormones mâles, il n'y a pas mieux comme antidépresseur.

Justine – Coucou Thibault... ça va ?

Thibault – Oui, à part que tu ne réponds pas quand je t'appelle.

Justine – J'ai plus de batterie sur mon portable. Qu'est-ce que tu voulais ?

Thibault – Je dois vraiment l'avouer devant tout le monde ?

Ce qu'il est beau quand il sourit. Je n'ai qu'une envie, me jeter sur lui pour l'embrasser mais au lycée il la joue hyper discret.

Justine – Alors, c'est quoi cette demande ?

Thibault – On rentre ensemble ?

Ah bon, c'est tout ?

Thibault – On y va ?

Justine – Où ça ?

Thibault – Chez nous.

Vous avez entendu ? Il a dit « chez nous ». Il n'y a plus de chez toi et de chez moi, il nous perçoit désormais dans un lieu unique, sans cloison, sans limite. Un couple, quoi.

Thibault – Eh oui, avec cette maison découpée en appartements, on a la même adresse et le même code postal !!!

Vu comme ça, c'est moins romantique.

Justine – Léa n'est pas sortie ?

Thibault – Si. Elle nous rejoint tout à l'heure, elle doit d'abord passer chez elle prendre des affaires.

Justine – Alors, on attend qui là ?

Thibault – Personne. Viens, on rentre en amoureux.

Yes !!! Lui et moi alone in the bus, it's so beautiful !!!

Évidemment, j'ai loupé le trottoir quand, main dans la main, on a avancé vers le terminus. Thibault m'a rattrapée d'une main ferme et m'a longuement embrassée pour me rassurer. Vous voyez la consistance d'un gâteau au miel sur une chaise longue au soleil, un dimanche du mois d'août à Tunis ? Eh bien, à côté de moi, c'est une barre de métal.

Alors que les lèvres de Thibault étaient encore ventousées aux miennes, j'ai rouvert les yeux pour m'assurer que le monde autour de moi n'avait pas disparu.

Oh non... Pas lui, pas maintenant!

Adossé à l'abribus, Brice nous fixait avec attention. Je me suis redressée violemment.

Thibault – Il y a un problème?

Comme je n'arrivais pas à détacher mes yeux du voleur de cuillères, mon prince a ajouté :

Thibault – Tu veux que je te laisse?

Justine – Non, pourquoi?

Thibault – Tu regardes ailleurs quand je t'embrasse, je ne voudrais pas m'imposer.

Justine – Ce n'est pas ce que tu crois.

Thibault – Je ne crois rien Justine, je remarque. De toute façon, je dois y aller, j'ai donné rendez-vous à un copain et je serai en retard si je repasse par la maison.

Et il m'a plantée au milieu du trottoir sans que j'aie le temps de prononcer un seul mot pour me disculper. Si je ne m'étais pas retenue, je me serais mise à pleurer. Je suis montée dans le bus en me jurant que si Brice avait le culot de s'asseoir à côté de moi, je lui réglerais son compte.

Lorsque le bus a démarré, le spécialiste de la petite cuillère n'avait pas bougé. Il m'a adressé un signe discret de la main, j'ai tourné la tête ostensiblement pour qu'il comprenne que je n'étais pas son amie.

Je n'ai pas pu rentrer directement chez moi, j'ai marché un long moment pour me calmer.

Théo et ma mère étaient dans la cuisine quand je suis arrivée.

La mère – Bonjour ma chérie, la journée a été bonne ?

Si elle a deux heures devant elle, je m'allonge sur le canapé et je lui réponds. Sinon, je peux faire dans le très court et le très faux et je me contente de « oui ».

En fait, lorsque les gens vous demandent comment vous allez, ce n'est pas une vraie question. Ils ne désirent pas que vous leur balanciez vos problèmes existentiels, c'est juste une formalité. Ils vous disent « Ça va ? » et vous devez leur répondre : « Oui, très bien et toi ? » En fait, pour aller plus vite, il faudrait pouvoir dire : « Comment vas-tu bien ? » La question comprendrait la réponse et on perdrait moins de temps.

Pour en revenir à ma mère, je lui ai affirmé que ma journée avait été excellente et elle m'a crue.

Dommage.

La mère – J'ai préparé du thé, tu en veux une tasse ?

Justine – Oui, s'il te plaît.

Mon petit frère a collé sa chaise contre la mienne.

Théo – Tu sais Justine, le maître nous a expliqué le trou dans la couche d'ozone aujourd'hui. C'est très grave, les humains sont en train d'abîmer la planète.

Ça y est, Théo va nous saouler. On ne pourra plus se mettre du déo sans qu'il vérifie qu'il n'y a pas de gaz propulseur.

Théo – Pour les 4x4 il faut continuer à...

J'ai écrasé le pied de Théo. Au mot 4x4, j'avais perçu le danger et je m'étais préparée à intervenir. Mon petit frère allait tous nous dénoncer et causer la disparition de notre association.

Sans compter les mesures punitives prises par mes parents s'ils apprenaient ma virée nocturne. Jamais mon père ne me pardonnerait l'attaque à la poubelle de Jean-je-ne-sais-comment.

Ingrid

Petit rappel à tous ceux qui se moquent ou rigolent quand on parle du trou dans la couche d'ozone :

➥ À quoi sert la couche d'ozone ?

La **couche d'ozone** est indispensable à la vie sur Terre : elle retient la majeure partie des **rayons ultra-violets** du soleil (ceux qui provoquent cancers de la peau, brûlures oculaires et affaiblissement généralisé du système immunitaire...). La **couche d'ozone** a été formée il y a environ deux milliards d'années et elle est renouvelée périodiquement. Aujourd'hui, l'ozone est détruit, entre autres, à cause des polluants. La planète est en danger !

Aujourd'hui, 21h44 · J'aime · Commenter

Thibault aime ça.

Nicolas Je préfère encore quand tu parles de ton nouveau vernis à ongles…

Aujourd'hui, 21h47 · J'aime

Léa Macho de base !

Aujourd'hui, 21h49 · 1 personne aime ça

Ma mère, occupée à nettoyer sa bouilloire avec du vinaigre, n'a pas perçu notre trouble. Elle a continué sa lutte contre le tartre avec un air de satisfaction qui faisait peine à voir.

Théo m'a regardée et j'ai froncé les sourcils avec une telle sévérité que les coins de sa bouche se sont affaissés comme lorsqu'il va pleurer. Je me suis dépêchée de changer de sujet.

Justine – T'es rentrée tôt maman ce soir.

La mère – Oui ! Je dois recevoir le type qui va s'occuper du ravalement de la maison bleue.

Justine – Comment ça un ravalement ?

La mère – Ils vont rénover la façade. Ça fait plus de vingt ans qu'elle n'a pas été ravalée. Regarde autour des fenêtres, il y a des endroits où la peinture est tout écaillée.

Justine – Et ce sera long ?

La mère – Ah oui, plusieurs semaines. Ils doivent d'abord monter les échafaudages et ensuite, je ne sais pas... Ils grattent la peinture, ils replâtrent à certains endroits. Il y a beaucoup de travail.

On a sonné à la porte.

La mère – Tiens voilà monsieur Bonseigna. Dix-sept heures pile... Ça c'est de la ponctualité !

Ma mère est allée ouvrir. Théo en a profité pour se justifier.

Théo – Je n'allais rien dire pour la boue sur les 4x4. C'était pas la peine de me faire ta tête de méchante.

Justine – Tu parles... Si je ne t'avais pas atomisé le pied, t'aurais tout balancé.

Théo – Même pas vrai.

On a entendu la voix haut perchée de ma mère dans le salon.

La mère – Je vous sers une tasse de café, monsieur Bonseigna ?

M. Bonseigna – Avec plaisir si ça ne vous dérange pas.

La mère – Pensez-vous... On s'installe dans la cuisine, on sera mieux.

Oh non... Moi qui avais envie de boire mon thé tranquille.

La mère – Je vous présente mes enfants, Justine ma fille et Théo le petit dernier. Les enfants, voici monsieur Bonseigna qui va s'occuper du ravalement de la façade de la maison bleue.

Justine – Bonjour monsieur.

Théo – Bonjour monsieur.

M. Bonseigna – Appelez-moi Aldo, ce sera plus simple.

C'est ça, Aldo. Cheveux teints noir corbeau et fausse dentition : une contrefaçon italienne de Julio Iglesias. Un vieux beau qui n'a pas su amorcer le virage du temps qui passe. Je ne vois pas qui pourrait être sensible à son charme aussi décrépit que les façades qu'il ravale.

La mère – Du sucre ?

M. Bonseigna – Oui deux, merci. Elle est belle votre maison, c'est du solide.

La mère – Elle date de la fin du XIXe siècle. Elle aurait appartenu à une très jolie comtesse.

M. Bonseigna – Pas plus jolie que vous, c'est impossible !

Oh le plan drague à un euro. Qu'il est ringard le pauvre ! Il va se faire ramasser par maman en deux temps trois mouvements.

La mère – Vous êtes trop gentil !

Quoi, c'est tout ce qu'elle trouve à lui répondre ? J'ai honte pour elle. J'avais l'intention d'aller travailler dans ma chambre en attendant Léa, mais finalement je reste là.

M. Bonseigna – On ne croirait pas que vous avez des enfants si grands, vous avez l'air d'une jeune fille.

Oh non je rêve. Il ne veut pas aller chercher une mandoline, aussi, pour lui faire sa déclaration ?

Ma mère a gloussé façon ado perturbée. Je l'ai mitraillée du regard. Elle s'est arrêtée net.

La mère – Bien. Si on parlait travail ? Vous comptez venir avec combien d'ouvriers ?

M. Bonseigna – C'est un petit chantier chez vous. Je m'en occuperai avec Enzo, mon neveu. Je lui apprends le métier. C'est un bon garçon, vous savez.

Et se tournant vers moi, le ravaleur de façade a ajouté :

M. Bonseigna – Et beau comme un dieu, avec ça. Il rend sa mère folle avec toutes ces filles qui appellent sur son portable jour et nuit. Il faudra surveiller votre petite !

Il ne recule devant rien, lui, le numéro de charme frappe toutes les générations...

– Bonjour tout le monde !

Théo – Eh c'est Léa ! Tu m'as apporté ce que je t'ai demandé ?

Léa – Oui, mon commandant.

Théo s'est précipité sur un sachet que Léa tenait, d'un air dégoûté, du bout des doigts.

Léa – Mais je te préviens, c'est la dernière fois que je t'achète un truc pareil. C'est immonde.

Mon frère a sorti un œil d'un coffret en plastique transparent. Quand je dis un œil, vous devez imaginer un globe oculaire visqueux avec des vaisseaux rougeâtres et bleutés. Il s'est dépêché de le mettre dans sa bouche. Ma mère a poussé un hurlement.

Léa – Théo, tu es devenu fou !

Théo a ressorti avec deux doigts l'œil qui avait commencé à fondre sur sa langue.

Théo – C'est un bonbon maman, c'est pas un vrai.

La mère – Mais ils sont vraiment prêts à tout pour que vous consommiez du sucre ! Jette-moi ça immédiatement, ça doit être bourré de colorants. Prends une galette de riz, plutôt.

Théo, comprenant que son œil allait finir au fond de la poubelle, a disparu de la cuisine en moins de temps qu'il ne faut pour le dire.

Bonseigna, qu'on n'avait pas entendu depuis l'arrivée de Léa, y est allé de son petit commentaire.

M. Bonseigna – Je sens que mon neveu se plaira ici. Une ambiance familiale et surtout deux jolies filles de son âge. Un Napolitain et deux ragazze, ça va être formidable.

Léa l'a regardé, étonnée.

Léa – Votre neveu s'installe ici ?

La mère – Non ! M. Bonseigna va s'occuper du ravalement de la façade de la maison bleue et son neveu Pedro va l'aider.

M. Bonseigna – Enzo...

La mère – Ah votre neveu Enzo vient aussi ?

Elle est pitoyable ma mère dans le rôle du professeur Tournesol.

M. Bonseigna – Il s'appelle Enzo, pas Pedro.

La mère – Ah pardon... C'est tous ces o. Enzo, Pedro !!!

Comme je n'avais pas envie d'en entendre davantage sur la fréquence des o dans les prénoms italiens, j'ai proposé à Léa un repli stratégique dans ma chambre.

Justine – Je crois que je ne supporterai pas longtemps Bonseigna.

Léa – Pourquoi ? Il a l'air sympa.

Justine – Tu ne l'as pas vu faire son numéro de charme à ma mère ! De plus, je te signale qu'il y aura des échafaudages partout et qu'on ne pourra plus être à l'abri de son regard lubrique nulle part. Ce sera pire que Secret Story ici !

Léa – D'abord, il ne bosse pas la nuit. Et puis il y aura des avantages, j'ai cru comprendre que son neveu était un top model.

Justine – Et tu comptes le croquer pour ton quatre heures ?

Léa – Non, quoique... ça mettrait un peu d'animation à la maison bleue. On aurait notre Mike Delfino pour nous toutes seules.

Justine – Qui ? Le plombier de *Desperate Housewives*, l'amoureux de Susan ?

Léa – Oui, en version accessible et italienne. Imagine un brun sublime moulé dans un jean légèrement déchiré et grimpant sur la façade de la maison bleue.

On est restées un moment les yeux dans le vague à imaginer cette sex bomb.

Léa – Dis donc toi, je te rappelle que tu as Thibault...

Justine – Oui mais amoureuse ne veut pas dire aveugle et puis il m'a plantée après les cours. Je suis rentrée seule comme une pauvre fille. J'ai l'intention de le rendre jaloux, ça l'obligera à s'activer pour me mettre dans son lit.

Léa – Pourtant lorsque je suis sortie, il t'attendait sagement devant le lycée.

Justine – Et au bout de deux secondes, il s'est rappelé qu'il avait rendez-vous avec un copain et il a disparu.

Léa – C'est étrange. Bon je te les tire ces cartes ?

Justine – Yes...

Léa a allumé un bâton d'encens et a installé sa petite pyramide transparente. Elle m'a fait battre les tarots de divination pendant un long moment.

Léa – Tu peux couper maintenant.

Elle a pris le paquet que j'avais placé à ma droite. Elle a fermé les yeux et a posé sept cartes face cachée sur la table. Avant de les retourner, elle m'a dit en riant :

Léa – C'est bizarre, je me concentre sur ton jeu et une drôle d'image s'imprime devant moi.

Justine – Laquelle ?

Léa – Je te préviens c'est ridicule.

Justine – Vas-y…

Léa – Quelqu'un met du vernis à ongles sur un manche de couvert.

J'ai avalé de travers. Le vernis sur la petite cuillère était mentionné dans l'article de Brice. Il n'y a aucun doute, cette fille est une sorcière.

Léa – Tu vois, tu t'étouffes tellement c'est ridicule. J'ai peut-être perdu mes pouvoirs.

Justine – Non, je ne crois pas.

Léa m'a regardée d'un air moqueur.

Léa – Tu t'es inscrite à un atelier peinture sur couverts et tu n'oses pas me l'avouer ?

Justine – Non !

Léa – Bien, il vaut mieux que je m'en tienne aux cartes et que je te transmette ce qu'elles me disent.

Elle a de nouveau fermé les yeux.

Léa – Quelqu'un dans ton entourage te pose problème. Il y a des chiffres, des courbes, des calculs autour de lui. Mais c'est bizarre…

Justine – Quoi ?

Léa – Ce manche de couvert revient.

Justine – C'est pas grave, continue.

Léa – Cette personne a un comportement à la limite de la normalité pourtant elle n'est pas dangereuse. Si elle dépasse les bornes, c'est qu'elle est débordée par ses propres émotions. Au fond c'est quelqu'un de gentil.

Ah bon ? Alors Brice n'est pas un psychopathe dangereux ? Mon imagination m'aurait-elle encore joué des tours ? Léa s'est redressée.

Léa – T'es sûre que tu ne peux pas m'en parler ?

Justine – Je vais essayer de gérer ça seule. Si je n'y arrive pas, je te promets que je te demanderai de l'aide.

On a frappé à la porte et la voix suraiguë que prend ma mère quand il y a du monde m'a vrillé les tympans.

La mère – On peut entrer, les filles ?

Justine – Ouais...

Léa a fait disparaître le jeu de tarots. Ma mère et son vieux beau italien sont entrés dans ma chambre.

La mère – Ça sent bon ici !

Léa – C'est mon encens japonais, fleurs de lune au printemps.

La mère – J'aime beaucoup... On vous dérange juste une minute. Aldo doit regarder la fenêtre.

Ah, on est passé direct de M. Bonseigna à Aldo ? Dans cinq minutes, il appelle ma mère Sophinette chérie et il boit une bière allongé sur le canapé. J'ai voulu remettre subtilement les choses à leur place.

Justine – Il rentre à quelle heure papounet ? J'ai besoin qu'il m'aide en histoire.

Et me retournant vers Bonseigna, j'ai ajouté :

Justine – Mon père est super fort en histoire. C'est une encyclopédie vivante.

Oui, d'accord, ce n'est pas subtil du tout et ça fait la fille qui n'a pas surmonté son Œdipe mais il faut bien que quelqu'un rappelle à ce séducteur de Monop qu'il y a déjà un mâle dominant dans cette maison.

La mère – Ah c'est ennuyeux, il a une réunion ce soir, il rentrera tard. Tu sais bien qu'en ce moment il travaille sur un gros projet qui lui prend tout son temps.

M. Bonseigna – Et il laisse sa petite femme seule à la maison ?

Justine – ET NOUS, ON EXISTE NON ???

La mère – Enfin, pourquoi tu cries comme ça Justine ?

Bon, je reconnais que j'ai été légèrement agressive sur ce coup mais admettez qu'il me cherche Mister Muscles 1912.

Lorsqu'ils sont sortis, Léa a éclaté de rire.

Léa – Eh bien... Il n'y a pas qu'avec Thibault que tu es une tigresse quand on approche.

Justine – Il m'énerve !

Léa – On l'a compris, seulement pense à son merveilleux neveu transpirant devant tes fenêtres avec sa truelle à la main, ça te le rendra sympathique.

Justine – Tu crois vraiment qu'il ressemble à Mike Delfino ?

Léa – On peut rêver. En plus tu l'auras pour toi toute seule, moi je n'aime que les intellos souffreteux.

Il ne m'en a pas fallu plus pour me remettre à délirer sur le beau maçon plâtrant la façade dans un débardeur blanc. Du coup, j'en ai oublié les petites cuillères de Brice et l'abandon de Thibault.

Le lendemain alors qu'on se retrouvait avec Léa dans la cour à la pause de dix heures, le sujet Enzo a été de nouveau à l'ordre du jour.

Léa – Alors ? Il arrive quand ?

Justine – À quatorze heures avec son oncle pour installer l'échafaudage. On aura juste le temps de rentrer déjeuner et de se remettre un coup de blush. Il faut faire bonne impression, on est des filles bien élevées !

Léa – Ben oui... C'est simplement une question de savoir-vivre.

– C'est quoi cette histoire d'échafaudage ?

Nicolas se tenait derrière nous. Je ne sais pas depuis combien de temps il était là et ce qu'il avait entendu au juste de notre discussion.

Justine – Un ravalement de façade est prévu à la maison bleue et ils installent les échafaudages cet après-midi.

Nicolas – Ah bon ? Mais ils vont nous emmerder combien de temps avec leurs travaux ?

Justine – Je ne sais pas... Ça sera sûrement la galère un long moment !

Nicolas – Et il va y avoir combien d'ouvriers ?

Justine – Aucune info.

Je ne suis pas trop forte, là ??? Au lieu de me laisser déborder par les questions de mon cousin et d'avouer sans le vouloir qu'un beau gosse musclé va faire du lèche-vitrine derrière les fenêtres de ma chambre, je la joue totale ignorance.

– Et je suis invitée à le voir, moi, le beau maçon italien ?

J'ai cru un instant que le diable en personne avait prononcé cette phrase mais non, c'était pire. Ingrid, le Wonderbra moulé dans un pull bleu turquoise, nous regardait d'un air mauvais.

J'ai bredouillé :

Justine – Quel maçon italien ?

Ingrid – Celui dont Léa a parlé à Joanne tout à l'heure. Un Italien avec des pecs d'enfer qui va jouer les équilibristes devant ta chambre.

Ma meilleure amie a rougi jusqu'aux oreilles. Je n'ai pas eu besoin de lui faire avouer qu'elle avait effectivement dévoilé à sa voisine de classe la venue du Casanova de l'échafaudage.

Nicolas – Ah ça m'étonnait aussi que vous ne vous soyez pas rencardées. J'aurais dû me douter qu'il y avait une histoire de mec là-dessous.

Et il est parti en marmonnant.

Nicolas – On dit que les garçons ne pensent qu'à ça mais les filles sont pires.

Ingrid – Je ne vois vraiment pas de quoi il parle !

On a éclaté de rire. Pour une fois, j'ai trouvé la peste super drôle. Du coup, je lui ai proposé de se joindre à nous après le lycée. Remarquez, je n'avais pas vraiment le choix, jamais Ingrid n'aurait renoncé à piquer un beau brun à ses « deux meilleures amies ».

Ingrid – Dis-moi Justine, c'est fini entre Thibault et toi ?

Justine – Non, bien sûr que non.

Ingrid – Pourquoi tu t'intéresses à l'Italien, alors ?

Justine – Plaisir des yeux uniquement.

Ingrid – Et plus si affinités ?

Justine – Non ! J'aime Thibault mais il paraît que le maçon ressemble à Mike Delfino.

Ingrid – Le mec de Susan dans *Desperate* ?

Justine – Exactement !

La peste a émis un petit cri à mi-chemin du couinement d'une souris prise au piège et du grincement d'une porte mal huilée.

Ingrid – Et si on séchait les cours et qu'on allait illico chez toi ?

Justine – Il n'arrive qu'à quatorze heures.

Ingrid – Alors je passe chez moi me changer à midi et je vous rejoins tout de suite après.

Léa s'est sentie obligée d'ajouter :

Léa – Juste pour le plaisir des yeux, Ingrid. On ne touche pas !

Ingrid – Pourquoi ? Je suis célibataire, moi.

Justine – Et ton videur de boîte ? C'est pas l'homme de ta vie ?

Ingrid – La semaine dernière, oui... mais plus aujourd'hui.

Intéressant comme concept. Ça ressemble à une théorie que la prof de philo nous a expliquée : la promesse que je fais aujourd'hui ne concerne que l'homme ou la femme que je suis, elle ne concerne pas celui que je serai demain puisque je serai autre.

Pas mal, non, comme justification à nos petits mensonges ?

La cloche a sonné et nous n'avons pas pu continuer à débattre du bon usage de la philosophie et des garçons. Nous sommes remontées en cours. Comme j'avais laissé mon sac dans la salle 101, il a fallu que j'attende qu'un surveillant m'ouvre pour le récupérer. Je suis arrivée avec cinq minutes de retard au cours de Mme Pouméroulie. Elle m'a accueillie comme elle accueille chaque élève retardataire.

Mme Pouméroulie – Bonjour mademoiselle Perrin.

Justine – Bonjour madame, je suis désolée mais j'avais laissé mon sac en salle...

Mme Pouméroulie – S'il vous plaît, pas d'excuse banale, signe d'une intelligence médiocre. Vous savez ce que j'attends de vous.

Oui, je le savais et je ne voyais pas comment répondre à sa demande. La prof de philo exige de chaque élève retardataire qu'il justifie, debout sur l'estrade, son retard d'une façon originale et inédite. Les réveils qui ne sonnent pas, les embouteillages, les grèves de bus sont bannis. Seuls des « mensonges créatifs et bien construits » intéressent notre prof.

Le plus horrible dans ces cas-là n'est pas seulement de trouver le fameux mensonge mais de subir le jugement des autres. En effet, la prof laisse aux élèves le soin de juger la construction de l'argumentation. S'ils s'estiment convaincus, ils lèvent le pouce. Dans le cas contraire, le menteur raté est condamné à l'exil sous une forêt de pouces baissés.

Qu'allais-je dire ? J'ai promené mon regard sur toutes ces têtes de lycéens qui me fixaient en souriant, quand mes yeux ont croisé ceux de Brice.

Ça m'a d'abord fait un choc parce que j'avais oublié qu'il existait puis la lumière a jailli ! Je venais d'avoir l'idée du siècle !

Dire la vérité sous l'aspect du mensonge. Me libérer du poids d'un secret en passant pour une fille hyper inventive. Raconter mon histoire avec Brice (sans le citer bien sûr) comme si je construisais une fiction et lui prouver qu'on jouait à égalité.

Mme Pouméroulie – Alors Justine ?

J'ai pris une longue inspiration.

Justine – Eh bien voilà... Vous savez que Michael ici présent a été accusé à tort puis innocenté du vol des petites cuillères. J'ai participé activement à sa réintégration et pour cela, il a fallu procéder à une enquête. S'il n'était pas le coupable, qui était-ce ?

Malheureusement pour moi, j'ai découvert la vérité. Il ne s'agit pas, comme le pense la direction, d'un acte idiot d'un élève rebelle. Non ! C'est un complot mondial qui a ses ramifications en Australie, aux États-Unis et maintenant en France. Certains médias sont gravement impliqués. Un élève du lycée Colette est un de leurs agents et il est chargé de me supprimer. Je ne donne pas cher de ma peau s'il me trouve seule dans un recoin de l'établissement. C'est pourquoi je suis obligée de me cacher dans les couloirs et d'arriver au dernier moment en cours. Ici, il ne peut rien contre moi. Et sachez que si vous m'envoyez en permanence, vous aurez ma disparition sur la conscience.

La prof de philo m'a regardée en souriant.

Pourquoi on argumente ?

Cette définition a été donnée par la prof de français l'an dernier, mais est à garder pour toutes les matières cette année :

L'objectif du discours argumentatif consiste, à propos d'un thème (un sujet), à soutenir une thèse (un point de vue, une opinion) qui réponde à une problématique. Il faut convaincre un adversaire, soit pour modifier son opinion ou son jugement, soit pour l'inciter à agir.

Mme Pouméroulie – Jolie argumentation construite : ancrage dans l'actualité de l'auditoire, dans l'air du temps pour le complot mondial, assertions scientifiques non vérifiables, culpabilisation peu subtile mais efficace. Bravo ! Qu'en pensent les autres ?

Une haie de pouces levés s'est dressée m'indiquant une victoire sans défaut. Seul Brice n'a fait aucun signe. Il me regardait totalement interloqué. Je n'ai pas pu m'empêcher de lui adresser le signe des scouts, comme lui la veille.

Mme Pouméroulie – Allez à votre place Justine, vous êtes la bienvenue. Nous allons commencer le cours.

J'ai cherché du regard une place vide. Rien... Ah si, au premier rang, à côté de Brice. Non, pitié.

Mme Pouméroulie – Qu'est-ce qui se passe Justine ? Vous comptez rester plantée debout toute l'heure ? Allez donc vous asseoir à côté de Brice, il est seul. À moins que vous n'ayez repéré dans la classe le fameux agent du complot mondial qui cherche à vous éliminer ?

Les élèves ont éclaté de rire. J'ai fait semblant d'apprécier la plaisanterie pour ne pas perdre la face. Et tandis que je regagnais ma place près de Brice, je l'ai regardé discrètement. Il a glissé son auriculaire sous son pouce, les trois doigts levés. Le petit protège le grand.

Je n'en avais pas fini avec le maniaque aux statistiques et aux petites cuillères...

À nous deux Londres !

Justine – Il fait super froid.

Léa – C'est toujours comme ça dans les gares.

Justine – Tu crois que c'est à cause du chagrin des gens qui se séparent ?

Léa – Non, c'est à cause des courants d'air. Et puis tu sais, dans les gares, il n'y a pas que des gens qui se séparent, il y a aussi des gens qui se retrouvent. C'est bien de se quitter un peu, ça permet de se rendre compte à quel point on tient à l'autre.

Justine – Tu ne me convaincras pas ce soir.

Léa – Mais qu'est-ce que tu as ? On dirait que je pars à la guerre de 14 et que je suis ton fiancé ! Je te rappelle que nous sommes jeudi et que je reviens dimanche soir. Et puis Londres, c'est à deux pas.

Justine – C'est juste que tu pars au mauvais moment.

Léa – Pourquoi ? Qu'est-ce qui se passe ?

Justine – Rien. Thibault ne m'aime plus, demain je dois faire mon exposé sur les MST et le préservatif et puis...

Léa – Et puis ton fameux secret te pose problème ?

Justine – Non, ça, je pense l'avoir plus ou moins réglé.

Léa – Alors quoi ? Tu en veux à Nicolas à propos d'Enzo ?

J'ai souri. Je vous raconterai l'arrivée du fameux maçon italien plus tard, ce n'est pas le moment, j'ai trop le cafard.

Léa – Oh non, regarde qui est là... Pourvu qu'elle ne s'asseye pas à côté de moi dans le train sinon on va dérailler !

Je me suis retournée discrètement pour voir de qui elle parlait. UM comme l'appellent les garçons (Ugly Monster : monstre affreux) souriait dans le vide, une énorme valise à la main. Léa s'est cachée derrière moi. Ça peut vous paraître politiquement incorrect mais il est vraiment difficile d'être l'amie de cette fille.

Ce n'est pas seulement qu'elle est laide (encore que sa description soit déjà un poème : cheveux gras, appareil dentaire d'avant-guerre, acné purulente), c'est surtout que c'est la plus grande poissarde de la galaxie. Je ne sais pas comment elle s'y prend, il ne lui arrive que des galères incroyables. Elle a été attaquée par un sanglier dans un camping en Corse, elle a fait une allergie géante à une clémentine à la cantine, elle s'est retrouvée enfermée dans les toilettes le jour où elle passait son oral de français (comme personne ne l'a entendue appeler à l'aide, elle a tenté de ramper sous la porte et est restée coincée), j'en passe et des pires !!! Si on écrivait un livre sur ses mésaventures, personne n'y croirait. Pourtant elle existe !

Le plus gros problème avec UM, c'est que lorsqu'on se trouve en sa compagnie, sa légendaire scoumoune s'abat sur vous. Je me souviens qu'en cinquième elle avait pleuré parce que personne n'avait voulu s'asseoir à côté d'elle dans le car pour la visite des châteaux de la Loire. Léa émue s'était sacrifiée... Résultat : deux élèves oubliées après un arrêt pipi sur l'autoroute. Je n'ai pas besoin de vous préciser qui !

Justine – Elle te regarde.

Léa – Oh non, pitié !!!

Justine – Elle s'avance vers nous.

Léa – C'est fichu ! Elle va me saboter mon voyage.

Justine – Qu'est-ce que je peux faire ?

Léa – Rien... Il n'y a rien à faire.

Justine – Tu n'as qu'à lui dire bonjour et t'arranger pour disparaître de son champ de vision.

Léa – Impossible, elle me connaît. Elle sait que si elle insiste, je craque. Et puis je suis certaine que cette fille a un potentiel. Je lui ai tiré les cartes une fois, c'était impressionnant, je n'ai jamais vu autant de possibilités. Ce n'est pas le jour mais je pense qu'il faudrait l'aider à se trouver.

Justine – Arrête un peu de jouer les saintes pour une fois, pense à toi. Il est important ce voyage.

Léa – Tu as raison ! Surtout que...

Léa a baissé les yeux d'un air gêné.

Justine – Surtout que quoi ?

Léa – Peter sera là-bas.

Justine – Mais en quel honneur ?

Léa – Samedi soir, il emmène les élèves du groupe théâtre voir *Le Songe d'une nuit d'été*.

Justine – C'est quoi ?

Léa – Une pièce de Shakespeare.

Justine – Et il vous rejoint quand ?

Léa – Il part avec nous aujourd'hui.

Justine – Tu ne m'en as même pas parlé. C'est dingue, dès qu'il s'agit de lui, c'est secret défense.

Léa – Tu vois pourquoi je ne t'en parle pas ? Parce que tu réagis super mal à chaque fois.

– Bonjour Léa...

Quoi ? C'est qui ? Il n'y a vraiment pas moyen de discuter avec sa meilleure amie sans être dérangée ?

Léa – Bonjour Marilyn.

Marilyn ??? Ah oui, à force de l'entendre se faire appeler UM, j'avais oublié que miss Poisse avait été affublée du prénom le plus difficile à porter au monde. Dans son cas, c'était carrément du cent cinquantième degré !

UM – T'es dans quelle rame ?

Justine – Elle n'a pas encore décidé.

UM – Ah bonjour Justine, excuse-moi je ne t'avais pas vue.

Continue à ne pas me voir, ça m'arrange !

UM – Léa, tu serais d'accord pour que je m'asseye à côté de toi ?

Justine – Désolée UM, euh pardon, Marilyn mais Léa est avec un groupe de copains et malheureusement, il n'y a plus de place.

UM – Ah... Tant pis.

Et elle est repartie avec sa grande valise vers d'autres victimes potentielles.

On l'a vue de loin poser sa petite question avec le même air angoissé et recevoir en réponse le même mouvement négatif de tête de ses interlocuteurs.

Au bout de six refus, Léa a craqué.

Léa – Tant pis, je la prends avec moi. Je ne peux pas la laisser seule. Regarde, ils se moquent tous d'elle.

Justine – Tourne-toi et pense à ton voyage. Depuis le temps que tu rêves de te retrouver avec Peter, tu ne vas pas gâcher cette méga-super-merveilleuse chance.

Léa a dégluti avec peine.

Léa – T'es fâchée ?

Justine – Pour quelles raisons le serais-je ?

Léa – Parce que je ne t'ai pas dit que Peter venait.

Justine – Je commence à avoir l'habitude de tes cachotteries quand il s'agit de monsieur. Mais ce qui est certain c'est que je n'ai pas envie qu'UM gâche tes plans. Alors tu respires et tu oublies cette plaie.

– Coucou les filles !!!

Oh cette voix stridente... C'est plus une gare, c'est le bagne avec une vraie collec de boulets !

J'ai pris sur moi et je me suis retournée pour saluer Ingrid.

Ingrid – Je suis pas so british ???

So british je ne sais pas, mais so ridiculous c'est certain ! Ingrid vêtue d'une minijupe et d'un bustier taillés dans le drapeau anglais nous regardait, fière d'elle.

Ingrid – Je me bats depuis une semaine avec la machine à coudre de ma mère pour arriver à ce résultat.

Justine – Le combat a dû être rude.

Oh non, je n'avais pas vu la décalcomanie du drapeau anglais sur la joue gauche et les mèches bleues. Elle ne recule vraiment devant rien.

Ingrid – Puisque nous sommes réunies, j'en profite pour vous annoncer une grande nouvelle. La deuxième sélection pour *Étoile naissante* a lieu samedi après-midi. Léa, je sais que tu seras à Londres mais toi, Justine, je compte sur ta présence.

Parfois, je me demande s'il ne vaut pas mieux avoir des ennemis que des amis. Si je fais le bilan de ces jours-ci, je dois par amitié :

1. Louper mon premier cours de danse de l'année pour accompagner Léa à la gare.

2. Renoncer à un samedi après-midi de farniente pour supporter la peste dans son rôle favori de star.

3. Me lever aux aurores dimanche pour une heure de step avec Jim.

Alors qu'à bien y réfléchir, qu'exigent mes ennemis ?

Rien. Seulement de les détester un peu de temps en temps. Ça exige beaucoup moins d'engagement !

J'en étais à me demander si je n'avais pas inventé la théorie philosophique du siècle lorsque Nicolas et Jim sont arrivés. Le sac de gâteaux que Jim avait apporté à Léa m'a fait douter de ma théorie.

Léa – Mais pourquoi tu m'as acheté autant de choses ? Je n'ai que quelques heures de train. Une petite heure pour arriver à Paris et après l'Eurostar.

Jim – Ce n'est pas pour le voyage, c'est pour là-bas, il paraît que la bouffe est immonde en Angleterre. Je ne veux pas que tu meures de faim.

Léa – Ne t'inquiète pas, j'ai des réserves. T'as vu mes bourrelets ?

Ingrid – Oui, d'ailleurs si tu ne veux pas finir obèse, jette ces sucreries à la poubelle. Moi, je te conseille le régime jambon de dinde haricots verts, si tu veux avoir un corps comme le mien.

Si c'est pour avoir la psychologie de crevette grise qui va avec le corps, je préfère le surpoids.

Jim – Fais régulièrement des exercices de step, en respirant à fond, et tes petits bourrelets vont fondre.

Au mot « step », Léa a baissé les yeux et a prononcé avec une voix douce :

Léa – À propos de step, je voulais te présenter mes excuses, Jim. Je n'ai pas été sympa dimanche.

Jim – Tu me l'as déjà écrit dix fois par SMS, quinze fois sur MSN et je ne compte pas le délicieux message vocal le soir même : « Pardonne-moi mon Jim pour ce matin, j'ai été en dessous de tout. Je t'embrasse comme je t'aime. » Je t'ai répondu : « Tout ça n'a aucune importance, j'ai tout oublié. » Alors embrasse-moi et ne parlons plus de cette histoire.

Et ils sont tombés dans les bras l'un de l'autre.

Nicolas – C'est bon, vous n'allez pas vous baver dessus pendant deux heures !

Ça devient systématique l'agacement de mon cousin quand quelqu'un s'approche de Léa, non ?

Heureusement son portable a sonné, détournant ainsi son attention. J'ai espéré que ce soit Thibault qui, perdu dans la gare, demande le numéro du quai. Nos relations étaient tendues depuis le baiser interrompu à l'arrêt du bus avec Brice en voyeur. Je n'avais pas réussi à m'expliquer avec mon prince et je sentais qu'il me tenait à distance. Se retrouver à la gare allait peut-être nous permettre de renouer.

Nicolas – Putain, il va pas me lâcher...

Mon cousin n'a pas eu besoin de nous dire qui cherchait à le joindre.

Allez, je vous explique pour que vous profitiez pleinement de la situation. Mais pour cela, il faut que je vous raconte la totalité de la journée d'hier.

Hier midi, on est sorties à toute allure du lycée avec Léa. Objectif : déjeuner rapidement et se ravaler la façade à coup de blush, rimmel et gloss, histoire d'être présentables devant le bel Italien.

Il n'était évidemment pas question d'imaginer quoi que ce soit entre lui et l'une d'entre nous (je vous rappelle que nous avons le cœur pris ailleurs), c'était une sorte de récréation. Après tout, on peut dévorer des yeux la vitrine d'un pâtissier sans être soupçonnée de boulimie. Même chose pour les garçons... Ingrid nous a rejointes et, vu sa tenue, on a compris qu'elle, en revanche, n'était pas seulement venue admirer les tartes aux fraises ou les éclairs au chocolat.

Ingrid – Alors, il est arrivé ?

Justine – Pas encore.

Ingrid – Tant mieux, je n'ai pas fini de me maquiller.

Justine – Ah bon ??? Tu ne crois pas que tu en as mis assez ?

Ingrid – Il n'y en a jamais assez, Justine ! Si tu veux qu'un garçon te regarde, il faut lui indiquer clairement où tu désires qu'il pose les yeux. Le maquillage n'est qu'un jeu de piste pour individus sans imagination.

Léa – Quelle vision horrible tu as du sexe masculin.

Ingrid – Horrible peut-être, mais parfaitement juste ! Excuse-moi Léa, un garçon c'est avant tout un être totalement démuni face à de jolies fesses moulées dans un slim.

Léa – Tu ne crois pas qu'il existe d'autres qualités ?

Ingrid – Si. De longues jambes sous une microjupe.

Léa – Je pensais à des choses moins visibles.

Ingrid – Tu ne vas quand même pas me servir un baratin sur la beauté intérieure ?

Léa – Pourquoi pas ?

Ingrid – Parce que c'est un concept inventé par des menteurs pour donner une raison de vivre aux moches.

Léa – C'est monstrueux ce que tu dis !

Ingrid – Oui, mais c'est la réalité. Même Quasimodo a choisi Esmeralda. On aurait pu croire que lui au moins saurait découvrir la beauté intérieure d'un laideron. Eh bien non, il a choisi la plus belle fille comme tous les mecs... Tout le monde veut de la beauté qui se voie. Alors si une fille veut survivre, elle doit présenter ce qu'elle a de bien en vitrine et elle doit planquer le reste.

Et quand on n'a rien de bien à présenter en vitrine, on fait comment ?

Léa – Ma pauvre Ingrid, je te plains ! Ta vie ne doit pas être simple de chercher à plaire en permanence.

Ingrid – Ne prends pas cet air méprisant pour me balancer ça. C'est notre lot à toutes ! À toi aussi, Léa l'intello. Ah bien sûr, tu la joues plus subtile avec tes jupes longues, tes dentelles et ta quincaillerie de gothique mais le résultat est le même : tu cherches à séduire. Et Justine avec son no style jean-baskets-tee-shirt veut la même chose.

Comment ça mon no style ??? Mais c'est Ingrid qui nous parle là ? On ne nous l'aurait pas échangée contre une étudiante en quatrième année de triple cursus philo-socio-psycho ? C'est la première fois que je vois Léa médusée. Elle ne trouve strictement rien à lui répondre.

Ingrid – Ça vous en bouche un point, hein ?

Ah non, c'est bien Ingrid.

Le bruit d'une camionnette qui se garait a interrompu notre discussion sur la beauté intérieure et autres petites contrariétés. On a couru s'agglutiner contre la vitre pour apercevoir notre bel Enzo.

C'est drôle, c'était le même scénario qu'à l'arrivée de Thibault, il y a quelques mois à peine : Léa et moi silencieuses, Ingrid au centre remontant d'une main experte son Wonderbra en poussant des cris de souris.

Bonseigna est sorti le premier, provoquant notre déception. Mais lorsque Enzo est apparu juste derrière, j'ai laissé échapper un « waouhhhh » d'admiration.

Il ne ressemblait pas du tout à Mike Delfino, il était vraiment différent. J'ai discrètement mis mes lunettes pour avoir une vision plus précise. Enzo était grand et baraqué. Son crâne rasé laissait deviner un duvet blond. Il portait un jean baggy, une paire de baskets et un sweat-shirt Caterpillar. Absolument pas l'allure d'un play-boy en plastique comme ceux des feuilletons américains. Il se dégageait de lui un charme naturel.

Ingrid – Alors lui, il me le faut. Il ira super bien avec mon nouveau manteau.

J'ai chuchoté :

Justine – Il irait très bien avec un vieux jean et des Converse aussi.

Ingrid – Avec tes jupons noirs ça serait pas mal, Léa, non ???

Durant quelques dixièmes de seconde, ma meilleure amie a semblé excédée par les remarques d'Ingrid. Je pense qu'elle n'avait toujours pas digéré la brillante démonstration de la peste sur le désir de séduction.

Mais comme l'ambiance était à la légèreté, elle a ajouté :

Léa – Tu veux plutôt dire sous mes jupons noirs, non ?

Alors là, Léa, quand elle se lâche, elle se lâche !!!

Léa – Allez, je suis généreuse, à bien y regarder, je vous le laisse les filles.

Justine – Tu ne le trouves pas beau ?

Léa – Si incontestablement, mais il a un côté trop féminin pour moi.

Ingrid – N'importe quoi.

Justine – Ingrid a raison, tu exagères. Ne le prends pas mal, seulement je trouve que ton Peter avec sa queue de cheval et ses chemises blanches est beaucoup moins viril que ce garçon-là.

Léa – Peut-être... Si on s'attache exclusivement aux accessoires.

Ingrid, qui n'en pouvait plus d'attendre, a hurlé :

Ingrid – On fait quoi là ? On descend ?

Justine – Ah ben oui, on ne va pas rester plantées là.

Léa – Où est-ce qu'on se pose ? Pas dans le jardin, il fait froid.

Ingrid – On va chez Thibault.

Justine – Il est là ?

Ingrid – Oui, il joue aux cartes avec les garçons.

Justine – Alors on descend. Léa, t'as pris tes tarots ?

Léa – Oui, pourquoi ?

Justine – Je voudrais que tu me dises ce qui va se passer entre moi et Thibault, ces prochains jours.

Léa – OK.

Justine – Je prends les encens fleurs de lune au printemps que tu as laissés hier.

Notre arrivée dans le salon de Thibault est passée totalement inaperçue. Les garçons étaient concentrés sur leur partie de poker. Léa a ouvert en grand la porte-fenêtre du salon pour aérer. Ça empestait la cigarette.

Nicolas – Putain, ferme, Léa, ça caille.

Léa – Pas question. Tu sais que je lutte contre le tabagisme passif.

Nicolas – C'est des vrais intégristes les anti-fumeurs maintenant. Ils t'emmerdent jusque chez toi.

Jim qui n'aime pas lorsque Léa et Nicolas se chamaillent a tenté une diversion.

Jim – Vous faites quoi les filles ? Vous alliez sortir ?

Ingrid – Certainement pas. T'as vu la bombe qui vient d'arriver ? On n'est pas près de bouger d'un quart de millimètre.

Jim – Quelle bombe ?

Ingrid – Un maçon qui va s'occuper de la façade de la maison bleue. Enfin, pas seulement, on a d'autres chantiers à lui proposer. Hein, les filles ?

Oh non, il ne faut pas que Thibault imagine un seul instant que je suis intéressée par l'Italien. Déjà que, tous les deux, on est limite rupture. Je dois trouver l'expression qui laisse entendre que je reste par amitié pour Ingrid et que son délire ne me concerne pas.

Justine – Oui, enfin moi je viens avec toi le temps que tu fasses connaissance avec ce type et puis je remonte. Je n'ai pas que ça à faire.

Ingrid – Ah bon, tu as changé d'avis pour sex bomb ? Remarque, je te comprends. Difficile de rester dans la course quand j'y suis...

Justine – Ça n'a aucun rapport avec toi. C'est juste qu'il n'y a pas de place pour deux garçons dans mon cœur.

Ingrid – C'est nul. C'est comme s'il ne fallait aimer qu'un parfum de glace. On peut en goûter plusieurs, chacun son tour, une fois la fraise, une fois le chocolat...

Justine – Pas moi, je n'en aime qu'un.

J'ai pas été hyper subtile sur ce coup ? Il y a des fois où je m'adore !!!

Thibault a levé les yeux de son jeu et m'a observée. J'ai essayé d'avoir l'air le plus dégagé possible, seulement je me suis pris les pieds dans... Dans quoi je me suis pris les pieds d'ailleurs ? Ah ben dans rien. Je me suis pris un pied dans un autre pied à moi. Je me suis raccrochée à Ingrid.

Ingrid – Je ne sais pas quel parfum te fait cet effet, mais tu ne tiens plus debout. Remarque je te comprends, moi depuis que j'ai vu Enzo par la fenêtre, j'ai les nerfs à pot de fleurs.

Justine – À pot de fleurs ?

Ingrid – Quoi, c'est pas comme ça qu'on dit ? Ah non, je sais : j'ai les nerfs à fleur de pot.

Léa a éclaté de rire. Ingrid l'a très mal pris.

Ingrid – Oh ça va ! Ne te sens pas obligée d'en rajouter. Ça arrive de se tromper.

Léa – Excuse-moi, Ingrid. Je te promets que je ne me moque pas. C'est juste que parfois certaines confusions sont surprenantes. Comme si tu faisais de la poésie sans le vouloir. On dit les nerfs à fleur de peau. P, e, a, u.

Tandis que Léa prononçait ces quelques mots gentiment en prenant la peste par les épaules, cette dernière l'a embrassée sur la joue. Il y a eu un moment de grâce.

Nicolas – Bon, à part parler mec et poésie de daube, vous comptez faire quoi là ? Parce que le poker ça ne supporte pas le bavardage.

Thibault – Il y a de l'eau chaude dans la bouilloire si vous voulez un thé.

Léa

Pour Ingrid, ma princesse préférée des mots tordus, je t'ai trouvé ça sur le Net !

Expression

« À fleur de peau. »

Signification

À la surface de la peau.

Au figuré, qui réagit à la plus petite sollicitation.

Origine

Le mot « fleur », qui date du XIIe siècle, vient du latin florem, accusatif de mots qui désignaient la fleur mais aussi « la partie la plus fine de quelque chose », racine des différents sens « partie la meilleure », « partie supérieure » (« la fine fleur ») et, enfin, « surface ». C'est de ce dernier sens que naît, au milieu du XIVe siècle, la locution « à fleur de » pour dire « à la surface de ».

Une personne qui a une sensibilité à fleur de peau peut très vite (et en général de manière trop brutale ou déplacée) réagir à ce qu'elle prend parfois à tort pour une agression verbale.

Aujourd'hui, 20h29 · J'aime · Commenter

Justine S'il suffit de tordre deux expressions pour être ta princesse, je peux le faire aussi…

Aujourd'hui, 20h37 · 2 personnes aiment ça

Nicolas Moi, pareil ! Enfin… version prince viril si tu vois ce que je veux dire :-).

Aujourd'hui, 20h47 · J'aime

Oh il a pensé à mon Earl Grey. Quel gentleman ! Quel amoureux attentionné. Comment ai-je pu douter un seul instant de mes sentiments pour lui ?

Léa – Justine, tu vas chercher les tasses et la bouilloire ? Pendant ce temps, j'allume mon encens pour te tirer les cartes.

Nicolas – Ah non, pas l'encens ! Tu sais bien que je lutte contre l'encens passif.

Léa – C'est malin.

Nicolas – Tu l'as voulu ! Pas de cigarette, pas d'encens.

Cinq minutes plus tard, les fleurs de lune allumées, Léa me prédisait à voix basse mon avenir amoureux et les garçons continuaient en silence leur partie de poker. Seule Ingrid marchait de long en large devant les portes-fenêtres pour apercevoir le bel Enzo. Comme il n'arrivait pas, elle a fini par aller se limer les ongles sur le canapé.

On a frappé à la vitre.

Nicolas – C'est qui ce con ?

Ingrid – C'est lui.

Nicolas – Qui ça lui ?

Ingrid – Le beau maçon qui vient nous ravaler la façade.

Thibault, en maître de maison responsable, s'est levé pour lui ouvrir.

Thibault – Bonjour.

Enzo – Bonjour ! Désolé de vous déranger mais on va installer les échafaudages et il faut que vous fermiez les volets pour protéger les vitres. Bien sûr après, vous pourrez rouvrir.

Thibault – Très bien.

Enzo – Entre l'obscurité et les cartes, ça fera un peu plus ambiance tripot, mais il vous reste une demi-heure tranquille, le temps qu'on déballe tout.

Thibault – OK.

Enzo – Dommage que je bosse, j'aurais bien fait une partie avec vous. À plus tard, ciao !

Et il est ressorti dans le jardin.

C'est peut-être sans importance, toutefois assez rare pour être signalé : Ingrid n'a pas ouvert la bouche durant le temps où Enzo a été présent. Elle est restée médusée, scotchée, anesthésiée...

– AAAAAAAAHHHHHHHHHH qu'il est bôôôôôôôô !!!!!!! Je le veuuuuuuuux !!!!! Il a des yeux BLEEEEUUUUSSSS comme j'aime.

Ah pardon, c'était juste une question de timing. Je corrige ce que j'ai dit : Ingrid n'a pas ouvert la bouche durant tout le temps où Enzo a été présent mais a poussé un hurlement sitôt qu'il a franchi la porte-fenêtre.

Nicolas – Elles ont décidé de flinguer notre partie de poker ou quoi ? Moi, je propose qu'on joue au grenier.

Thibault – En ce qui me concerne, je préférerais rester là.

Nicolas – Pourquoi ?

Thibault – Parce que je... je...

Pour la première fois de ma vie, j'ai entendu mon prince bredouiller. Lui si maître de ses émotions en temps normal semblait gêné par la situation.

Quoi ? Qu'est-ce qui se passe encore ? Sa grande blonde doit passer et il a peur de la louper ?

Respire, Justine. Cette grande blonde n'existe que dans ton imagination. Relaxe-toi. Imagine un paysage blanc, tout blanc. Comme des draps blancs voletant au vent...

Et il y a qui au creux de ces draps ???

Thibault – Je suis mieux ici.

Et il a jeté un coup d'œil furtif au-dehors, en direction d'Enzo.

Nicolas – T'as peur qu'il te choure un truc dans la maison ?

Thibault – Non, ce n'est pas ça.

Nicolas – Quoi alors ? Si tu veux, on demande aux filles de rester là. Elles seront super contentes de mater à travers les volets et nous, on sera tranquilles là-haut.

Thibault – Certainement pas.

Thibault a prononcé ces derniers mots avec une anxiété évidente dans la voix. Ça n'a pas échappé à Jim.

Jim – T'as peur que Justine regarde de trop près monsieur crâne rasé ?

Mon prince n'a pas eu besoin de répondre. La rougeur de ses joues a signé ses aveux.

Oh mon Thibault, n'aie aucune crainte, je te serai fidèle. Je ne serai jamais Emma Bovary, Delphine de Nucingen, madame de Rênal, Thérèse Raquin ni aucune femme de ma liste de français sur la passion amoureuse et l'adultère. Il y aura toujours devant mes yeux ton visage qui se surimprimera sur tous les hommes que je croiserai.

LITTÉRATURE

Qui est l'héroïne de quelle œuvre ?

1 Emma — A *Thérèse Raquin*

2 Delphine — B *Le rouge et le noir*

3 Madame de Rênal — C *Madame Bovary*

4 Thérèse — D *Le père Goriot*

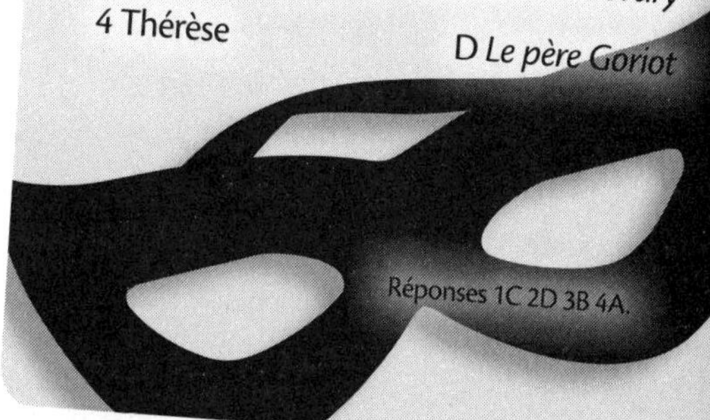

Réponses 1C 2D 3B 4A.

– Excusez-moi.

On s'est retournés en même temps vers la porte-fenêtre. Enzo souriant nous a adressé un petit signe de la main.

Léa m'a chuchoté à l'oreille :

Léa – Ferme la bouche.

Quoi ??? Qu'est-ce qu'il y a ??? Je bâillais, on n'a plus le droit de bâiller ?

Enzo – Ça vous ennuie si je branche une rallonge chez vous ?

Thibault – Non, bien sûr.

Enzo – C'est sympa ici. Vous êtes en coloc tous les six ?

Thibault – Non ! Moi j'habite là, Justine au premier et Nicolas au dernier. Mais on se retrouve souvent dans mon appart parce que je vis seul. Léa, Ingrid et Jim sont à deux pas d'ici.

Enzo – Et le furet qui se balade dans le jardin, il est à qui ?

Thibault – À personne.

Nicolas – Rectification : ce n'est pas un furet, c'est le grand-père de Thibault.

Ingrid qui cherchait depuis un moment comment participer à la conversation a tenu à montrer à Enzo ses photos en minishort rose avec Lulu Cracra dans les bras. Le bel Italien les a regardées avec un intérêt poli et a repris aussitôt sa discussion avec les garçons.

Il n'a pas fallu cinq minutes pour qu'il se retrouve à la grande table en train de boire un café. Puis voyant les encens et les tarots retournés de Léa, il a demandé :

Enzo – Tu sais tirer les cartes ?

Léa – Un peu.

Justine – Pas qu'un peu, c'est une sorcière !

Enzo – Je ne sais pas si je vais oser mais...

Léa – Tu veux poser une question ?

Enzo – Juste une parce qu'il faut que je retourne bosser.

Léa – Justine, tu cèdes ta place un instant à Enzo ?

Justine – Bien sûr.

Nicolas s'est senti obligé de commenter :

Nicolas – Entre Thibault qui croit à la réincarnation et maintenant Enzo qui consulte la sorcière, ça va être Halloween tous les jours ici !

Enzo ne s'est pas donné la peine de lui répondre, trop occupé qu'il était à confier très discrètement à Léa son problème.

Enzo – Je viens de me faire larguer et j'ai l'impression que je ne retomberai plus jamais amoureux.

Léa – Concentre-toi pour battre le jeu, pose ta question et coupe.

Le bel Italien s'est exécuté sous l'œil réprobateur d'Ingrid qui n'arrivait toujours pas, malgré des efforts surhumains, à attirer son attention.

Enzo – Je voudrais savoir si je vais rencontrer quelqu'un rapidement.

Léa – Oui... Sans aucun doute. Tu vas rencontrer cette personne sur ton lieu de travail. Tu l'as déjà croisée. On dirait qu'elle va te sauver d'un danger. Un danger qui n'en est pas vraiment un en fait.

Enzo – Et ça va marcher entre nous ?

Léa – Je vois une incompréhension... Comme si vous n'étiez pas sur la même longueur d'onde.

Mon cousin est de nouveau intervenu :

Nicolas – Ça y est vos messes basses ?

Enzo – Oui. Bon, il faut que j'y aille. Je dois monter l'échafaudage. On continuera cette discussion après, Léa ?

Léa – Bien sûr.

Mon cousin, soudain intéressé par l'aspect technique des travaux de ravalement de la maison bleue (à moins que ce ne soit pour éloigner le bel Enzo de Léa), lui a demandé :

Nicolas – Et ça se monte comment un échafaudage ?

Enzo – Rien de plus simple. C'est un assemblage de ferrailles et de planches. Tu veux que je te montre ?

Nicolas – Ouais, c'est ça, montre-moi !

Enzo – On attend que mon oncle soit parti. Il est super strict sur les questions d'assurance.

Une demi-heure plus tard, Nicolas transpirait à grosses gouttes sous les ordres d'Enzo pour monter les poutrelles métalliques. Jim, qui entre-temps avait reçu un coup de fil d'Yseult, était parti la rejoindre. Quant à Thibault, il avait prétexté je ne sais quelle urgence pour disparaître.

Même Ingrid qui avait tenté, sans le moindre résultat, dix mille ouvertures possibles avec le Napolitain avait abandonné le terrain. Du coup, l'événement « arrivée d'un beau gosse à la maison bleue » est retombé à plat comme une crêpe crue pleine de grumeaux. Avec Léa, on est remontées dans ma chambre.

Justine – On se raccroche à des valeurs sûres ?

Léa – Qu'est-ce que tu proposes ?

Justine – Brownie chocolat noix de pécan, Coca et James Blunt.

Léa – OK. Sauf *Goodbye My Lover* sinon tu vas faire une crise de déprime.

Et voilà comment après avoir fantasmé près de vingt-quatre heures sur l'homme qui allait transformer la maison bleue en podium de défilé Hugo Boss, on s'est retrouvées à se gaver de sucreries.

Comme Ingrid avait oublié *Gala*, *Public* et *Voici* sur mon lit, on a mis à jour nos fichiers commérages. Qui trompe qui ?

Qui adopte qui ? Qui porte quoi ? On était en train de scruter avec bonheur les premières traces de cellulite sur les cuisses de Marie-Kate Olsen lorsque Nicolas a jailli tel un scud dans ma chambre.

Nicolas – Putain, le drame...

J'ai lâché les magazines.

Justine – Mais tu ne peux pas frapper ou t'arranger pour prévenir de ton arrivée ?

Nicolas – Comme on était perchés sur l'échafaudage, j'ai voulu lui faire une blague. Je l'ai poussé dans le vide.

Léa – On peut savoir de qui tu parles ?

Nicolas – D'Enzo.

Justine – Et il est mort ???

Nicolas – Mais non. J'avais prévu le coup. Je l'ai rattrapé de l'autre main.

Léa – Alors, il est où le drame ?

Nicolas – Il s'est retourné et il a essayé de me rouler une pelle.

Justine – Qui ?

Nicolas – Enzo, je vous dis.

Je ne sais pas si avec Léa, on a bugué inconsciemment sur les paroles que Nicolas prononçait, mais on a redemandé en chœur :

Justine et Léa – QUI ?

Nicolas – Vous êtes bouchées ou quoi ? Votre maçon, votre sex bomb', votre Enzo, c'est un PD.

Justine et Léa – QUOI ?

Nicolas – Une pédale, une tapette, une tarlouze, un enc...

Léa – STOP. Le fait qu'il n'ait pas la même sexualité que toi ne t'autorise pas à utiliser un vocabulaire homophobe.

Nicolas – Et lui, ça l'autorise à me sauter dessus ?

Léa – Non. Sauf si ça t'a fait plaisir et que tu lui demandes.

Mon cousin a viré au cramoisi et il est sorti de ma chambre pour ne pas étrangler Léa. C'est étrange comme certains garçons ont vis-à-vis de l'homosexualité une attitude hostile. Je ne vois pas en quoi ça les remet en question d'être l'objet de désir d'un homme.

En tous les cas, Nicolas n'a pas supporté et encore là, à la gare, il était agacé en surveillant son portable.

Nicolas – Enzo n'a pas arrêté de m'appeler et de me laisser des messages pour s'excuser. Je ne sais quel débile lui a dit qu'il allait rencontrer l'amour sur son lieu de travail et que cette personne la sauverait d'un danger. Alors quand je l'ai rattrapé, il a cru que c'était moi.

Ingrid – Et ce n'était pas toi ?

Mon cousin a de nouveau viré au rouge violacé, signe avant-coureur de l'accident cardiaque ou du meurtre barbare. La peste a perçu le danger et elle a tourné les talons en marmonnant :

Ingrid – Enfin, c'est pas ma faute s'il excite les mecs. J'en ai assez de toujours porter le château...

Là, il a vraiment fallu que Jim prenne fermement mon cousin par le bras pour que la peste échappe à une mort violente. Durant quelques secondes, il y a eu un silence salutaire, le temps que la raison reprenne le contrôle sur l'esprit de tous. Puis Nicolas nous a souri et l'atmosphère s'est détendue d'un coup.

OUF...

Son portable a sonné. Léa qui devait se sentir légèrement responsable de la méprise d'Enzo lui a arraché le téléphone des mains.

Léa – Allô ?... Ah salut Thibault !

Quoi Thibault et Nicolas aussi ? Bon ça va, je reconnais que c'est une mauvaise blague. C'était juste histoire de mettre un peu d'ambiance.

Léa – On est quai F. Oui, tu as le temps d'arriver, mon train part dans huit minutes. À tout de suite.

Nicolas – Il est où ?

Léa – Il gare son scooter, on va l'attendre.

Jim – Tu veux que je te monte ta valise, que je t'aide ? Tout à l'heure, à la gare du Nord, je ne serai pas là...

Léa – Oui je veux bien. Surtout qu'on n'a pas de place précise, on connaît juste la rame dans laquelle on voyage. Tu me gardes deux places.

Nicolas – Pour toi toute seule ?

Léa – Non, une pour moi et une pour... Peter.

Nicolas – Peter ?

Léa – Il vient à Londres avec nous.

Mon cousin a perdu instantanément le sourire. Il a marmonné :

Nicolas – Décidément, c'est la journée des boulets.

Léa a fait semblant de ne pas entendre mais à sa façon de tirer sur ses mitaines, j'ai compris qu'elle était énervée.

Jim, efficace et attentionné, s'est occupé des bagages de Léa et lui a réservé deux places côte à côte. Lorsqu'il est redescendu, ma meilleure amie l'a serré dans ses bras.

Léa – T'es un cadeau de la vie, toi.

Nicolas – Parce que moi je suis quoi ?

Léa – Je préférerais ne pas répondre à cette question.

Après avoir boudé un court moment, Nicolas est monté dans le train, en est redescendu avec les bagages de Léa et puis il est remonté.

On l'a tous suivi.

Il a de nouveau placé la valise dans l'espace destiné aux bagages et a étalé le manteau de Léa sur les deux sièges encore vides.

Léa – Je peux savoir à quoi tu joues ?

Nicolas – Je range tes affaires et je réserve deux places comme tu le souhaitais. Je suis un cadeau de la vie, moi aussi, maintenant ?

Léa a éclaté de rire.

Léa – Ouais un cadeau, mais empoisonné le cadeau !

– Alors tout le monde part à Londres finalement et vous comptiez me laisser seul ?

Comment pourrais-je m'envoler sans toi, mon beau Thibault ? A-t-on vu Blanche-Neige disparaître avec les nains, Cendrillon partir en week-end avec sa marraine et oublier le prince ? Non... Impossible !

Nicolas – Ah te voilà toi.

Thibault – Je te manquais, chéri ?

Nicolas – Tu veux mon poing dans ta gueule ?

Thibault – Ce que tu peux être romantique...

Thibault s'est approché de moi et m'a embrassée tout doucement sur la bouche.

Thibault – T'inquiète, je préfère ta cousine.

Est-ce que, dans la vie, il existe une touche repeat ? Tu vis un truc bien et tu appuies dessus pour que ça recommence. Si cette touche existe, j'appuie dessus jusqu'à la fin de mon existence.

Thibault s'est approché de moi et m'a embrassée tout doucement sur la bouche.

Thibault – T'inquiète, je préfère ta cousine.

Repeat.

Thibault s'est approché de moi et m'a embrassée tout doucement sur la bouche.

Thibault – T'inquiète, je préfère ta cousine.

Repeat.

Quoi ? Qu'est-ce qu'il y a ? Il y en a qui s'ennuient ? Qui voudraient qu'on passe à la suite ? Certaines personnes sont d'un égoïsme...

Allez repeat.

Nicolas – Ouais mais t'approche pas trop près quand même, je te rappelle que c'est la famille.

Thibault – Je ne te connaissais pas dans le rôle du cousin corse.

Ah vous vouliez la suite, vous l'avez... Des dialogues minables de petits coqs qui se partagent le poulailler. J'espère que vous êtes contents...

Qu'est-ce qu'elle a Léa à regarder sa montre toutes les trois secondes ? Je ne l'ai jamais vue aussi nerveuse.

Léa – Où peut-il être ?

Justine – Qui ça ?

Léa – Peter... Le train part dans deux minutes et il n'est toujours pas là.

S'il avait disparu corps et biens pour l'éternité, je ne serais pas effondrée.

Justine – T'inquiète, il va arriver. Il doit être planqué derrière un poteau et il attend le dernier moment pour faire une entrée théâtrale.

Jim a attrapé Léa par les épaules.

Jim – Allez ma grande, on y va. Amuse-toi bien à Londres et reviens-nous vite.

Nicolas – Laisse-moi l'embrasser moi aussi sinon elle va encore dire que je suis pas un cadeau.

Thibault – Et moi, j'ai pas le droit ?

J'ai attendu que les garçons soient descendus pour saluer ma meilleure amie.

Justine – À dimanche...

Léa – À dimanche...

Justine – T'oublies pas de nous rapporter du thé.

Léa – Non.

Justine – Il va venir, j'en suis sûre.

Léa – Avec lui, rien n'est jamais sûr. Descends vite avant qu'ils ferment les portes.

Comme je ne trouvais rien à ajouter pour apaiser Léa, j'ai rejoint les garçons sur le quai. Je me suis collée à la vitre du train, les mains de part et d'autre de mon visage.

Ah c'est pas vrai ! Il n'en est pas question !

Jim – Où tu vas Justine ?

Justine – Il faut que je remonte...

Jim – Impossible, le train va partir.

Justine – Mais elle s'est assise à côté de Léa, on ne peut pas la laisser faire.

Jim – Qui ça ?

Justine – UM. Je lui ai dit non tout à l'heure et là, regarde, elle a pris la place que Léa avait gardée pour Peter.

Nicolas – À propos de Peter, c'est pas lui ?

J'ai tourné la tête. Au bout du quai, Peter, manteau noir et queue de cheval au vent, courait alors qu'on annonçait la fermeture automatique des portes. Il a juste eu le temps de monter dans la rame de queue. J'ai tambouriné à la fenêtre pour prévenir Léa mais elle ne m'a pas entendue.

Le train a démarré.

J'ai agité ma main dans le vide et je n'ai vu que mon reflet dans les vitres qui ont défilé de plus en plus vite. J'ai eu une envie terrible de pleurer. Je déteste les gares. Léa m'a menti, on n'y retrouve jamais personne.

– Dis Justine, si on se voyait tous les deux ce soir ?

Je me suis retournée. Thibault a pris mes mains rougies par le froid et a soufflé dessus pour les réchauffer.

Thibault – Alors, ça te plairait ?

Repeat.

– Dis Justine, si on se voyait tous les deux ce soir ?

Je me suis retournée. Thibault a pris mes mains rougies par le froid et a soufflé dessus pour les réchauffer.

Thibault – Alors, ça te plairait ?

Repeat.

– Dis Justine...

Mission impossible

Oui, mon existence ces derniers temps n'avait pas été rose. Thibault s'était éloigné de moi et n'avait plus semblé si pressé de me glisser dans son lit, Brice le pervers aux petites cuillères rôdait toujours, Léa était partie quatre jours à Londres avec sa classe et... son Peter. Ma vie affective était un désert.

Mais voilà que la vie, qui a plus d'un tour dans son sac, me proposait un nouveau rebondissement. Mon prince, alors que je désespérais de le revoir autrement qu'en voisine, m'avait demandé d'un air coquin, après le départ de Léa, si une soirée en tête-à-tête me plairait.

Mon cœur avait fait bang bang et, à part sourire d'un air niais, je n'avais pas été capable de décrocher un mot. Remarquez, peu importe... Thibault avait compris que j'étais d'accord, même très d'accord ! Plus que d'accord, méga d'accord !!!

Alors qu'on rejoignait son scooter main dans la main, je m'imaginais déjà dans sa chambre, l'embrassant fiévreusement, mon cœur contre son corps. Depuis des jours, des nuits, des mois, des années, j'attendais que se réalise mon rêve et enfin ce moment approchait.

Soudain des pensées horribles ont parasité mon bonheur.

Est-ce que j'ai bien enfilé les deux chaussettes de la même couleur ce matin avant de mettre mes Converse ?

Pourvu qu'elles n'aient pas de trous...

Oh non, je porte mon tee-shirt Snoopy sous mon pull ! Thibault me trouvera ridicule. Je ne vais quand même pas lui expliquer au milieu d'une scène torride que c'est mon seul tee-shirt à manches longues qui soit de la bonne longueur sous mon pull bleu et qu'il me permet de montrer mon nombril sans avoir le dos et les bras gelés.

Comment pourrais-je faire ?

Et si en rentrant chez lui, j'allais aux toilettes et que je retirais mes chaussettes et mon tee-shirt ? Après, je sors l'air de rien avec un grand sourire.

Oui, mais une fille qui fait pipi n'est pas vraiment glamour. Dans les romans et les films d'amour, jamais l'héroïne n'a de problèmes de vessie. Elle n'a jamais non plus de chaussettes dépareillées ni de tee-shirt Snoopy. Il va falloir choisir...

Je préfère faire pipi. Ce n'est peut-être pas très classe mais c'est une obligation physiologique, alors que tout le monde n'a pas un affreux tee-shirt Snoopy rescapé de soixante-douze lavages à 60 °C dont un avec du linge rouge qui a déteint. Et je ne parle pas des chaussettes dépareillées.

Mais où est-ce que je cache le tee-shirt et les chaussettes une fois enlevés ?

Je n'ai pas de sac, je suis venue à la gare avec mon portable, mes clefs et mon iPod dans mes poches. Impossible de ressortir des toilettes avec mes haillons à la main.

Je sais ! Je noue les manches de mon tee-shirt et je m'en sers comme d'un sac. Je mets les chaussettes à l'intérieur, je ferme et je planque le tout derrière les toilettes. Dès que Thibault est occupé, je fonce récupérer mes oripeaux et je les balance dans le jardin au milieu des massifs de roses. Impeccable ! Léa n'aurait pas trouvé mieux.

Thibault – Ça va Justine ?

Justine – Oui, pourquoi ?

Thibault – On dirait que tu es préoccupée, tu as les sourcils froncés comme Théo lorsqu'il a un problème.

Justine – Non, tout va bien...

À part que mon tee-shirt virtuel vient d'atterrir au milieu de la pelouse et qu'on ne voit plus que lui sur l'herbe ! Il va falloir que je trouve une autre solution.

Et si, au lieu de le lancer par la porte-fenêtre, je le cachais dans l'appartement ? Il me faudrait un endroit rapidement accessible mais dans lequel Thibault ne fourrerait pas son nez avant un certain temps.

J'ai une idée.

Je vais faire comme Lulu Cracra, planquer mon baluchon sous les coussins du canapé. Mon prince ne fera pas le ménage un jeudi soir, donc j'aurai tout le loisir de récupérer mon ballot de linge sale après. Ça, c'est vraiment le crime parfait... Il y a des fois où je m'adore !

– Où vous vous barrez ?

J'ai été tellement surprise que j'ai failli me coincer les doigts dans les ressorts du canapé. Nicolas et Jim, de l'autre côté de la rue, nous faisaient de grands signes.

Nicolas – On va boire un pot au café en face, vous venez ?

Thibault m'a chuchoté à l'oreille :

Thibault – Ça me paraît difficile de refuser. On prend un verre avec eux et on file, d'accord Justine ?

Si je refusais, j'aurais l'air de la pauvre fille qui fait tout pour coincer son amoureux dans un lit. En même temps, si je suis honnête avec moi-même, c'est ce que je veux.

Peut-être, mais je ne dois pas le montrer en public...

Justine – Très bonne idée. On a tout notre temps.

Et j'ai traversé la rue d'un air dégagé pour que personne ne se rende compte à quel point j'étais contrariée.

Jim – Ça va Justine ?

Justine – Oui.

Jim – Tu as l'air énervée.

Mais qu'est-ce qu'ils ont tous à lire en moi comme dans un livre ouvert ? Je suis si transparente ?

Nicolas – C'est le départ de Crueléa qui lui fout les boules. Elle ne sait pas avec qui elle va tchatcher pendant quatre jours. T'inquiète, poulette, elle reviendra.

Je suis peut-être transparente mais certains ont la pupille opaque !

Jim – Allez, quatre jours c'est vite passé... Je vous invite, on boira à la santé de Léa.

Trois minutes plus tard, Jim portait un toast à la grande absente.

Jim – Je lève mon verre à Léa, qu'elle nous revienne vite et joyeuse.

J'en portais silencieusement un autre : « À Thibault et à moi, que notre première fois soit la plus réussie de la galaxie. »

Nicolas – Tu vas rester longtemps comme la Statue de la Liberté avec ton Coca light ?

J'ai regardé les garçons, ils avaient déjà avalé la moitié de leur boisson. Je ne sais pas depuis combien de temps je brandissais le bras.

Justine – Désolée, j'étais ailleurs.

Thibault s'est penché vers moi et m'a chuchoté à l'oreille :

Thibault – Où ça ? Sur mon canapé ?

Oh non, pas sur le canapé, s'il soulève les coussins, il trouvera mon tee-shirt et mes chaussettes ! Devant mon air affolé, mon prince m'a dit discrètement :

Thibault – Si tu ne veux pas venir chez moi, il n'y a pas de problème.

Justine – MAIS SI, je veux y aller...

Nicolas – Où ça, Justine ?

J'ai hurlé :

Justine – Nulle part !!!

Nicolas – Ça va, ne me réponds pas sur ce ton. J'ai voulu être sympa. Je m'en tape de vos histoires.

– Ah ben, vous êtes là ?

Nicolas – Non.

Ingrid, qui venait d'entrer, avait posé sa question avec un large sourire, mais l'accueil de mon cousin l'a refroidie sur-le-champ. Sa mâchoire inférieure s'est décrochée comme celle des personnages de BD : elle est tombée très bas.

Après quelques secondes de stupeur, elle s'est reprise. Elle a balancé à Nicolas sur un ton mélodramatique :

Ingrid – Attention Nico, qui sème le vent récolte la trompette.

Ne riez pas... Même si le sens laisse à désirer, la forme y est ! Enfin, je vous demande de ne pas rire mais nous, on n'a pas pu s'en empêcher. Ce qui a provoqué la colère divine de miss Proverbes.

Ingrid – Vous êtes vraiment des gamins. Il y a des fois où je me dis que vous ne me méritez pas.

Jim, que les conflits angoissent, s'est levé et a pris la peste dans ses bras.

Jim – T'es juste arrivée au mauvais moment, c'est tout. On ne se moque pas de toi. Assieds-toi. On boit au voyage de Léa.

Après s'être fait prier par Jim, la peste s'est assise, non sans avoir ajouté :

Ingrid – Alors c'est vraiment parce qu'il insiste...

Jim a commandé un Vittel pour Ingrid et une nouvelle tournée de bière et de Coca light pour nous. Oh non, pas une deuxième tournée, par pitié !

Nicolas – Tu bosses à quelle heure Jim ?

Jim – Je ne travaille pas ce soir. J'ai déjà fait deux nocturnes cette semaine.

Nicolas – Donc t'es libre pour un poker ?

Pourvu qu'il ait un rendez-vous, avec Monica Bellucci s'il le faut. Je n'ai pas envie qu'il traîne à la maison bleue.

Jim – Non, j'ai promis à Yseult que j'allais la chercher à son cours de chant.

Et elle ne peut pas prendre le bus comme tout le monde ? Je déteste les filles qui font des chichis.

Nicolas – C'est bon, tu vas pas louper un poker d'enfer avec nous pour une meuf.

Comment ça « avec nous », à quel troisième partenaire pense-t-il ? J'ai mitraillé Thibault du regard pour qu'il décline l'invitation illico.

Thibault – Euh... je ne peux pas non plus ce soir.

Oh yes, j'ai un pouvoir d'enfer sur mon homme. Il m'obéit au doigt et à l'œil, enfin plutôt à l'œil et à l'œil. En fait non, juste à un œil.

Nicolas – Tu peux pas à cause d'une meuf toi aussi ?

Thibault – Non, pas du tout.

Pas du tout ??? Je suis quoi moi alors ?

Et puis c'est quoi cette question à propos d'une fille ? Nicolas ne sait pas que je sors avec Thibault ?

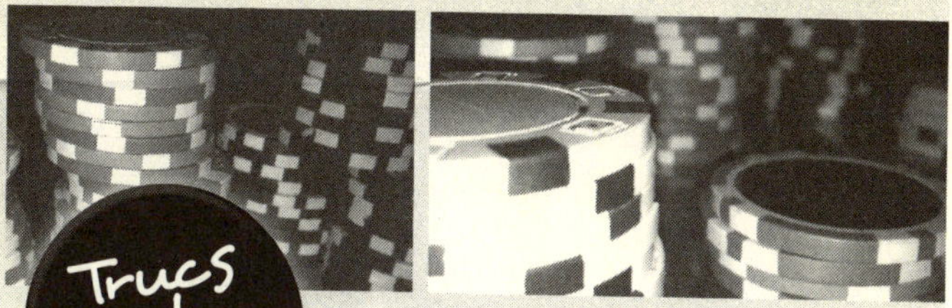

Trucs et astuces

LE **POKER**

Pourquoi les joueurs de poker portent-ils des lunettes de soleil ?

Pas seulement pour jouer les beaux gosses et frimer autour du tapis vert. Les professionnels du poker sont habitués à dévisager leurs adversaires afin d'y déceler tous les signes trahissant un bluff ou une information sur la qualité de leur jeu.

La plupart de ces signaux passent à travers le regard.

La prochaine fois que vous prenez une antisèche ou que vous racontez un mytho à vos parents sur les raisons de votre retard, sortez les solaires !!!

Thibault – Un truc perso à régler. Une affaire qui me tient à cœur depuis plusieurs mois. Je ne peux absolument pas louper mon rendez-vous.

C'est trop mignon ce message codé que je suis la seule à pouvoir comprendre.

Ingrid – Ça ne serait pas Justine, ton truc perso ? À voir comment elle te regarde en bavant, il y a des chances.

Mais qu'on la fasse taire définitivement ! Ils vont tous avoir un doute maintenant, à cause d'elle.

Jim – On n'a qu'à se programmer un poker samedi soir. T'es libre Thibault samedi ?

Il ne le sait pas encore. Il va se passer des choses d'ici samedi qui vont modifier totalement son rapport au monde. Notre histoire va le faire basculer dans un univers inconnu : L'Amoooooouuuuur.

Thibault – Samedi soir, super ! On fait ça chez moi ? Je fournis la bière.

Il ne croit pas une seconde à ce qu'il vient de dire. Il sent le tsunami qui va l'emporter, alors il donne le change.

Oh Thibault, mon amour, ne crains rien, nous serons deux sur la vague et je te tiendrai la main.

Thibault – Qui on pourrait inviter d'autre ? Ça serait sympa qu'on ait un quatrième partenaire. Vous connaissez Hadrien ? Hadrien Ménard, il est dans ma classe.

Ingrid – Moi, je le connais bien... même plus que bien.

Évidemment la peste a prononcé ces derniers mots avec l'air gourmand des filles qui assurent un maximum.

Nicolas – C'est pas parce que tu lui as roulé une pelle à une soirée que tu le connais « plus que bien ».

Ingrid – Je ne vois pas ce que tu insinues. Avec Hadrien, nous partageons…

Comme Mademoiselle www.jesuischaudecommelabraise.com ne trouvait aucun argument pour nous convaincre de son intimité avec Hadrien, elle a ajouté en dodelinant de la tête :

Ingrid – Vous ne pouvez pas comprendre, c'est le genre de truc qui vous échappe.

Nicolas n'a pas tenté de savoir ce qui lui échappait, il était plus occupé à demander à Thibault si Hadrien Ménard assurait vraiment au poker.

Thibault – Il joue pas mal du tout, d'après ce qu'il dit. Alors, on l'invite ?

Nicolas – Ouais… Il se la pète un peu mais pourquoi pas… T'en penses quoi Jim ?

Jim – Je ne vois pas qui c'est. Il était au collège avec nous ?

Nicolas – Non, il est arrivé en seconde mais tu l'as vu à des teufs. Un grand brun super maigre.

Jim – Ça me dit rien.

Nicolas – Rappelle-toi, c'est le mec avec qui t'as parlé de snowboard à l'anniversaire de Sarah, la blondinette qui n'en voulait qu'à tes muscles.

Jim – Ah ouais, je me souviens… de Sarah, pas d'Hadrien !

Tous les mêmes… Je ne vais quand même pas me teindre en blonde pour laisser un souvenir impérissable aux garçons.

Si je veux passer une soirée de rêve avec l'homme de ma vie sans me faire tuer par mes parents parce que je rentre tard, je dois activer le mouvement.

Justine – Bien, je dois vous quitter, ce soir j'ai mon exposé sur les préservatifs.

Nicolas – T'as un exposé sur les préservatifs ce soir?

Justine – Euh non... je voulais dire demain...

Mes pommettes se sont enflammées. Jim et Nicolas m'ont regardée avec un air agacé. Thibault a attendu un petit moment et il a proposé :

Thibault – Je te raccompagne si tu veux.

Je ne pourrais pas le jurer mais j'ai eu l'impression que la situation lui plaisait.

Justine – Oh oui, pourquoi pas... Ça ne te dérange pas?

Thibault – Pas du tout, j'ai des trucs à faire aussi.

Je ne peux pas vous avouer à quel point j'ai été nulle. Mes répliques ont sonné faux et personne ne m'a crue, même pas moi. Je me suis levée trop rapidement pour que ça semble naturel et je me suis pris les pieds dans le sac qu'Ingrid avait posé par terre. Mais je n'avais pas bu toute ma honte, il a encore fallu que je me ridiculise en bafouillant un « pardon monsieur ».

Je n'ai pas souhaité entendre les commentaires sur mon one ridiculous woman show. J'ai traversé le café à grandes enjambées et j'ai attendu mon prince dehors. Il m'a rejointe quelques minutes plus tard en souriant.

Thibault – Ta maman ne t'a pas appris à dire au revoir?

Justine – S'il te plaît n'en rajoute pas, je me trouve déjà totalement pathétique.

Thibault – On sent pourtant chez toi une certaine éducation, tu t'excuses avec beaucoup de courtoisie en bredouillant « pardon monsieur » au sac de tes amies!

Comme je boudais, Thibault m'a enlacée et m'a embrassée.

☆ LE LAPSUS ☆

Un lapsus est une erreur commise soit en parlant (lapsus linguæ) soit en écrivant (lapsus calami. Calami voulant dire plume mais aujourd'hui on dit plutôt lapsus clavi).

Le lapsus consiste à substituer à un terme attendu un autre mot. Freud le père de la psychanalyse voit dans le lapsus l'émergence de désirs inconscients. Pour faire plus simple, on rêve de choses qu'on n'ose pas dire et à un moment dans la conversation, le mot interdit se glisse à la place d'un autre.

Exemple : Avant de passer à table, un homme (qui doit avoir très faim) parle à sa femme de dons envoyés pour le tiramisu (gâteau italien). Il voulait certainement évoquer les dons envoyés pour le tsunami.

Thibault – Ne fais pas cette tête… Si tu savais à quel point je te trouve craquante avec tes gaffes. Tu ne ressembles à personne et je n'aimerais pas que tu changes. Les filles qui assurent en toutes circonstances, je m'en méfie comme de la peste, on ne sait jamais de quoi elles sont capables. Avec toi, je suis en confiance… Je vois ton cœur au travers de ton pull.

Mon prince a prononcé sa dernière phrase en glissant sa main dans mon dos, sous mes vêtements.

Thibault – Rectification, je vois ton cœur au travers de ton pull et de ton tee-shirt.

Oh le tee-shirt, il ne faut surtout pas que j'oublie de l'enlever !

Oui, mais maintenant, il sait que j'en porte un ! Tant pis je le garde, il m'a prouvé qu'il me désirait quoi que je porte.

Justine, ne te laisse pas bercer par cette magnifique déclaration d'amour, reste vigilante ! Dans moins de dix minutes, tu vas te retrouver collée serrée à ce garçon et Snoopy ne peut pas vous séparer. Garde la tête froide jusqu'au moment où tu le cacheras sous les coussins du canapé.

Thibault – Mais même si je vois ton cœur au travers de tes vêtements, j'ai l'intention de t'en débarrasser au plus vite…

J'ai émis un son entre le miaulement d'un chat affamé et le grincement d'une porte rouillée. Une cata… Si on pouvait mourir de honte, je crois que j'aurais disparu à cet instant. J'ai fermé les yeux pour ne pas croiser le regard moqueur de Thibault.

Dans une autre vie, je serai totale maîtrise, j'aurai des tops blancs en dentelle, des chaussettes sans trou et identiques, et quand un garçon me fera une déclaration j'écouterai sans manifester aucune réaction visible. Mais ce sera dans une autre vie… En attendant, il faut que j'existe avec Moi et ce n'est pas toujours facile !

Thibault – Allez, on se sauve avant que les autres sortent.

On a couru jusqu'à son scooter. C'était trop bien ! On se serait crus dans un film, quand les amoureux, après avoir risqué de se perdre, se retrouvent pour toujours.

Vous n'allez pas me croire mais j'ai couru droit sans louper un seul trottoir. Thibault a sorti un casque de son top-case et me l'a mis sur la tête. Puis il m'a embrassée langoureusement. Finalement cette soirée commençait sous les meilleurs auspices !

Lorsque nous sommes arrivés, mon prince s'est garé dans la rue côté jardin. Il était plus sage d'escalader la porte aux turquoises afin d'éviter de croiser quelqu'un à l'entrée de la maison bleue.

Cette « entrée » secrète avec en fond de décor une lune ronde sur nuit noire m'a fait battre le cœur plus fort. Ma première fois était le comble du romantisme.

Dans le jardin, je me suis laissé guider par Thibault. Entre ma myopie, l'obscurité et mon agitation, je craignais un plongeon dans le massif de rosiers ou une collision avec un arbre. Rien de tout cela n'est arrivé. Cupidon en personne veillait sur nous.

Thibault – Mais qu'est-ce que tu fais là ?

Quoi, qu'est-ce que je fais là ? Il est devenu fou ? Je lui rappelle qu'il m'a invitée à passer un moment seule à seul avec lui pour une activité que la décence m'interdit de nommer ici. Une voix venue d'outre-tombe a chuchoté :

– J'ai apporté ma cuisse de poulet rôti à Lulu Cracra mais maman ne le sait pas. Je suis descendu en cachette, elle croit que je suis dans mon lit. J'ai bloqué la porte en coinçant une barrette dans la serrure comme Tobie.

Ne me dites pas que la personne en train de raconter ses exploits est mon épouvantable frère. Je ne le supporterai pas.

Thibault – Mais enfin Théo, il est très tard pour traîner dans le jardin quand on est un petit garçon ! Tu dois rentrer tout de suite.

Oui, c'était bien Théo. J'allais lui expliquer ma façon de voir, moi ! Et pas avec des paroles pédago-gentillo-va te coucho ! Je suis sortie de l'ombre et j'ai crié :

Justine – Qu'est-ce que ça signifie Théo, on ne peut plus te faire confiance... Tu remontes immédiatement et compte sur moi pour expliquer à maman que son fils disparaît en cachette la nuit et traîne dans les jardins !

Oui bon d'accord, il est huit heures et demie et il est dans le jardin de la maison mais si on ne cadre pas un peu les enfants, ils agissent n'importe comment.

Théo – Tu vas tout lui raconter maintenant ?

Justine – Euh... Non... J'ai quelque chose à faire avant.

Théo – Ah bon, si tard ? T'as pas lycée demain ?

Il se prend pour qui ? Pour mon père ?

Justine – Si, j'ai cours effectivement et je ne vais pas tarder à rentrer.

Alors que je prononçais cette phrase en bafouillant, le morveux a semblé gagner de l'assurance.

Théo – Et pourquoi vous êtes entrés de ce côté ?

Thibault – Parce que j'ai garé mon scoot derrière la maison.

Théo – Ah bon ! Pourtant tu le gares toujours devant...

Thibault – Oui, mais comme j'ai pris la rue de l'Arlequin, j'ai préféré le laisser là.

Théo – C'est étonnant.

Quoi ? Qu'est-ce qui est étonnant ? Il commence franchement à m'agacer avec ses remarques d'Inspecteur Gadget.

Théo – Vous avez préféré escalader la porte aux turquoises et marcher dans le noir plutôt que de faire le tour en scooter et vous garer devant ?

Thibault – Oui.

Théo – Vous seriez des voleurs et vous auriez eu envie de cambrioler ton appartement, vous auriez agi de la même manière.

Il a avalé un dictionnaire ce sale gosse ou quoi ? À moins que ce soit une réplique de Tobie dans une de ses aventures.

Thibault – Seulement nous ne sommes pas des voleurs et c'est mon appartement.

Théo – Alors c'est que vous avez une autre raison de rentrer discrètement.

Thibault – Je ne vois pas.

Théo a mis sa bouche en cul-de-poule comme à chaque fois qu'il réfléchit intensément.

Théo – Peut-être que vous voulez aller chez Thibault sans que Nicolas le sache.

Justine – Et qu'est-ce qu'on aurait à cacher à Nicolas ?

Théo – Vous avez acheté des bonbons ou des gâteaux et vous ne voulez pas les partager avec lui ?

Comme dit Spinoza, le philosophe préféré de ma prof, « chacun juge selon ses affects », ce qui doit être traduit par : chacun imagine les réactions de l'autre en fonction de ses propres réactions.

Et j'étais soulagée de voir que Théo restait un enfant et pas un génie qui comprend ce qu'il ne devrait pas comprendre.

Théo – À moins que...

J'ai eu des sueurs froides dans le dos mais mon petit frère ne m'a pas laissé le temps de le bâillonner !

Théo – ... À moins que vous ne vouliez pas que papa et maman sachent que vous êtes rentrés. Peut-être que vous voulez rester tous les deux seuls en bas.

Ni Thibault ni moi n'avons renchéri en lui demandant : « Oui, et dans quel but voudrions-nous rester tous les deux seuls en bas ? » Avec cet enfant-là, tout est possible. Comme nous demeurions silencieux, Théo a ajouté :

Théo – Chacun ses secrets. D'après Tobie, il peut y avoir un échange de bons procédés. Qu'en pensez-vous ?

Attendez, là je n'ai pas saisi... Mon petit frère ne serait-il pas en train de marchander son silence contre le nôtre ?

Thibault – Je ne comprends pas bien ce que tu veux dire.

Théo – Oh, c'est simple, si vous oubliez ma présence dans le jardin à cette heure tardive, j'oublie la vôtre.

Après avoir réfléchi un long moment, Thibault s'est tourné vers moi et m'a déclaré très sérieusement :

Thibault – Je crois que nous sommes obligés d'accepter cette proposition.

Non mais ça va pas ! Je ne vais certainement pas subir le chantage d'un petit monstre de six ans et demi qui ne sait même pas nager !

Quoi, quel rapport avec le fait qu'il ne sache pas nager ?

Je l'ignore, seulement quand on ne sait pas nager, on se tait.

Oui, j'ai d'autres arguments. Là, dans l'immédiat, ça ne me vient pas, mais il doit y en avoir...

Oh et puis, tant pis ! Puisque tout le monde a l'air de trouver normal qu'un gamin de CE1 fasse chanter sa propre sœur, j'accepte sa proposition. Seulement, qu'on ne se plaigne pas dans sept ou huit ans d'avoir un délinquant à la maison.

Thibault – On t'accompagne jusqu'à la porte pour s'assurer que tu rentres directement chez toi, et après plus un mot sur notre rencontre nocturne.

Théo – D'accord, mais vous devez d'abord faire le serment des cochons d'Inde.

Justine – C'est quoi, ça, encore ???

Évidemment, le serment était une idée prise dans les albums de Tobie. Il a fallu qu'on se tienne par les mains en répétant, les yeux fermés : « C'était le cochon d'Inde, synchronisation des doigts, tchin, frisbee, Sabrina tête de tigre, yahou, les pompiers de Paris. » Certains jours, je regrette de ne pas être enfant unique.

Après avoir obéi à Tyrannosaure Frère, on l'a escorté dans l'escalier. Il nous a adressé un signe de la main et a disparu en moins de temps qu'il ne faut pour le dire. Quand le petit « clic » de la porte d'entrée a retenti, on est partis.

YES, la soirée nous appartenait enfin !

– Qu'est-ce que vous foutez dans les escaliers ?! Je croyais que tu rentrais tôt pour ton exposé, Justine ? Et toi Thibault, t'avais pas une super urgence ?

J'ai changé d'avis. Pour Noël, je ne veux plus de baffles pour mon iPod, je préfère un bazooka.

Nicolas, trois cartons de pizza dans les bras, était juste derrière nous côté cour.

Thibault, toujours maître de lui, a répondu :

Thibault – Imagine-toi qu'en rentrant, on a trouvé Théo dans le jardin en train de donner à manger à Lulu Cracra. Il était descendu en cachette.

Nicolas – À cette heure-ci ? Et vous l'avez remonté par la peau du cul, j'espère ?

Et voilà comment Nicolas va comprendre notre stratagème... On va être obligés d'expliquer pourquoi on a été laxistes.

Thibault – Non, on lui a fait promettre de ne pas recommencer et on a vérifié qu'il rentrait chez lui. Je crois qu'il a compris. La méthode douce est plus efficace que les cris et les fessées.

Nicolas – Eh bien, il a eu de la chance de ne pas tomber sur moi.

Puis il y a eu un silence durant lequel on a tous cherché quelque chose à dire. En ce qui me concerne, j'espérais trouver la formule idéale pour signifier à mon cousin qu'il était temps qu'il rentre chez lui et que je remonterais dans un tout petit moment. Il ne m'en a pas laissé le temps.

Nicolas – Bon, ben bonne soirée Thibault. Tu viens Justine, j'ai promis à ta mère que je passais lui dire bonsoir. Mon père l'a chargée de me surveiller, il est parti jusqu'à dimanche pour son boulot.

Il le fait exprès, c'est sûr.

Thibault – Écoute, Nicolas, je vais être clair et mettre les points sur les i. Justine et moi, on a envie d'être un peu seuls. Je suis certain que tu comprends.

Mais il est malade ou quoi de balancer la vérité toute crue à mon propre cousin ! Je n'oserai plus le regarder.

Nicolas – D'accord, d'accord. Justine est vaccinée et elle fait ce qu'elle veut.

C'est drôle comme parfois on tient un discours alors qu'on pense exactement le contraire.

Nicolas – Salut !

Sur cette réplique courte et efficace, Nicolas nous a plantés là. Je ne peux pas vous dire quelle mimique il a faite parce que j'avais les yeux rivés sur mes Converse. Mais à l'intonation de sa voix et à la lourdeur de ses pas dans l'escalier, je peux affirmer qu'il était très contrarié.

Lorsque j'ai regardé Thibault, il avait sur les lèvres le même sourire de contentement qu'au café. À croire que rendre jaloux Nicolas lui faisait plaisir.

Durant un court instant, j'ai eu envie de partir mais mon prince m'a attrapée par la taille et m'a embrassée langoureusement.

Thibault – Cette fois, la soirée est à nous. Viens vite !

Et on s'est enfin retrouvés seuls dans son appartement...

Thibault a mis un CD de Jamie Cullum et a débouché une bouteille de champagne qu'il avait gardée au frais.

Thibault – Juste une coupe, pas plus. Je n'ai pas envie de te contempler dormant nue avec une rose dans les cheveux.

Le souvenir de cette première nuit ratée nous a fait sourire.

Mon prince s'est approché et a porté la coupe à mes lèvres. J'ai bu une gorgée, il a bu à son tour. Nous nous sommes embrassés. Et là, l'embrasement total des sens...

Je n'ai plus su qui j'étais ni où j'étais. Alors que Thibault avait passé sa main sous mon pull et décroché avec une facilité déconcertante l'agrafe de mon soutien-gorge, la mémoire m'est revenue.

Je m'appelais Justine et j'avais un tee-shirt Snoopy tellement laid et délavé que même porté par Kate Moss herself, il ferait pitié !

J'ai bondi comme un Marsupilami sous pression. Mon amoureux a vu dans ce recul la crainte d'une jeune novice et a cherché à me rassurer.

Thibault – N'aie pas peur, je ne ferai rien que tu ne désires pas.

Mais je n'ai pas peur, je dois juste enlever mon tee-shirt et mes chaussettes ! J'ai pris l'air le plus dégagé possible pour susurrer façon star hollywoodienne qui va se repoudrer le nez.

Justine – Tu me donnes une seconde ? Je reviens.

Thibault – Bien sûr, ne te presse pas, tu sais où est la salle de bains.

Justine – Je n'ai pas besoin de la salle de bains, je vais aux toilettes.

Oh non !!! Mais pourquoi suis-je aussi nulle ? Est-ce que quelqu'un m'a demandé de préciser où j'allais ?

Thibault – Va où tu veux, mais reviens-moi vite...

Justine – J'en ai pour deux minutes.

J'ai filé aux toilettes et j'ai battu le record du monde de l'arrachage de tee-shirt-chaussettes. Comme prévu, j'ai noué les manches, placé les chaussettes au fond de mon ballot et je l'ai planqué derrière la porte en attendant des temps plus cléments. Je suis ressortie aussi sec. J'ai repris l'air de la fille dégagée et j'ai avancé, royale, vers le salon.

Mince, je n'ai pas tiré la chasse.

C'est normal, je me suis juste déshabillée.

Oui, mais lui ne le sait pas. Que va-t-il penser d'une amoureuse qui ne tire pas la chasse ?

J'ai reculé sur la pointe des pieds, j'ai rouvert la porte des toilettes et j'ai actionné la chasse. Je suis allée me laver les mains. Le visage que j'ai aperçu dans le miroir m'a paru plutôt séduisant mais comme je suis myope...

Bon, cette fois, je le rejoins.

Et que la fête commence !!!

Thibault, installé confortablement sur le canapé, m'a regardée avancer vers lui. J'ai eu l'impression d'être une coupe de fraises chantilly tant il y avait de désir dans son regard. Ça m'a donné une confiance dingue, du coup je me suis approchée sans me prendre les pieds dans quoi que ce soit.

Il s'est levé et m'a chuchoté d'une voix hyper langoureuse :

Thibault – Tu me donnes deux secondes ?

Quoi ??? Lui aussi il a un tee-shirt Snoopy ???

Justine – Bien sûr !

Comment ça bien sûr ??? Mais il n'en est pas question. S'il va aux toilettes, il va trouver mon tas de linge sale. Il faut absolument que je l'empêche de bouger !

Comment faire ?

Je me suis jetée sur Thibault et je l'ai embrassé sauvagement.

Opération réussie... Mon prince n'a plus demandé à se lever. Il a répondu à mon baiser avec une fougue que je ne lui connaissais pas. Mon pull bleu a traversé la pièce comme un astéroïde suivi de très près par mon soutien-gorge.

À cet instant, quelqu'un a frappé à la porte-fenêtre côté jardin. J'ai cru que c'était mon cœur qui cognait dans ma tête mais lorsque j'ai vu Thibault se lever précipitamment, j'ai réalisé que nous avions un invité.

Ah non pardon... Deux invités.

Enfin, je ne les ai pas vus, j'ai juste entraperçu leur ombre en sautant derrière le canapé. Difficile de se présenter seins nus aux gens lorsqu'on est une jeune fille de bonne famille.

Mon prince a fait coulisser la porte-fenêtre. J'ai été réfrigérée d'un coup. Quelqu'un pourrait me passer mon pull bleu, il fait froid là...

– Salut, on a apporté le dessert !

Je rêve ou c'est la voix de Jim ? Une voix féminine a ajouté :

– C'est moi qui ai choisi les parfums. Fraise et chocolat, ça te plaît ???

Ce n'est plus une soirée, c'est un cauchemar.

Justine

En rangeant mes vieilles fiches de révision de français, j'ai trouvé cette définition. Incroyable, ça parle de la maison bleue, non ?

Le vaudeville est un type de comédie à la mode au XIXe siècle. Il repose très fréquemment sur une intrigue amoureuse à trois (le mari, la femme, l'amant). Le vaudeville ou « théâtre de boulevard » comporte généralement de nombreux rebondissements et quiproquos. Tu vois à quoi je fais allusion ???

Aujourd'hui, 22h07 · J'aime · Commenter

Thibault aime ça.

Léa Assez bien, oui !!!

Aujourd'hui, 22h08 · 1 personne aime ça

Jim Nous aussi !!!

Aujourd'hui, 22h09 · J'aime

Jim – Il y a un problème Thibault ? On te dérange ?

Je ne voudrais pas être désagréable avec Jim, mais c'est pire que ça. Ils sont carrément hors sujet !

Thibault – Non, seulement il n'était pas prévu que vous veniez chez moi ce soir.

Jim – Pourtant Nicolas vient de m'appeler pour me prévenir qu'on dînait chez toi.

Thibault – Il a dû se tromper.

Jim – C'est bizarre, il m'a dit : « J'ai acheté les pizzas, rendez-vous chez Thibault, finalement il reste chez lui. Justine sera là aussi. »

Oh le fourbe, le menteur, le manipulateur... Il n'a pas supporté l'idée que je me retrouve seule avec Thibault, alors il s'est arrangé pour qu'on soit dérangés. Quitte à mettre son meilleur ami dans une situation indélicate. Si Nicolas n'était pas mon cousin, si je n'étais pas une fille et si je n'étais pas à moitié nue, j'irais aussi sec lui balancer mon poing au travers de la figure.

Thibault – Nicolas a dû mal comprendre, le mieux c'est que vous montiez le rejoindre. Moi, je mange un truc vite fait devant la télé et je me couche.

– AAAATCHOUUUUM...

Ah ben oui, j'avais demandé qu'on me passe mon pull bleu et personne n'a réagi. Je ne voudrais pas jouer les chochottes mais on est en novembre, et quasi nue devant la fenêtre, ça le fait pas.

Un long silence pesant a précédé la compréhension collective de la situation. Jim a dit d'une voix où pointait une colère maîtrisée :

Jim – On te laisse. Il ne faudrait surtout pas que ton canapé attrape froid.

Après un silence, il a ajouté :

Jim – Et remets-lui sa housse bleue, c'est pas bien de la laisser traîner par terre.

Thibault a fait semblant de ne pas comprendre l'allusion à mon pull qui gisait sur le parquet à deux centimètres de mon soutien-gorge. Oh la honte... Je ne sortirai plus jamais d'ici. Pourquoi faut-il que ma vie intime soit diffusée à tous les étages ???

– Justine ? Justine ? Qu'est-ce qui t'arrive ? Ça ne va pas ?

J'ai ouvert les yeux et, malheureusement, j'étais restée moi : Justine aux seins nus dissimulée derrière le canapé de son voisin du rez-de-chaussée avec une banderole au-dessus de sa tête : « Ce soir, je couche avec Thibault, prévenez les rares personnes de cet immeuble qui l'ignorent encore. »

Thibault – Ça y est, ils sont partis.

Justine – C'est comme dans les films d'horreur : tu crois que les monstres se sont enfuis mais ils reviennent toujours.

Thibault a éclaté de rire.

Thibault – Je ne le leur conseille pas. Je me sens prêt à étriper tout individu qui s'interposera entre toi et moi. Cette fois-ci, j'éteins toutes les lumières et je t'emmène dans ma chambre. D'accord ?

Justine – J'aimerais bien mais...

Thibault – Mais quoi ?

Justine – Tu es sûr que personne ne va débarquer ?

Thibault – Je ne suis sûr de rien. Dans la tribu de la maison bleue, nous avons eu le frère, le cousin, le meilleur ami, la petite amie du meilleur ami. Il nous manque donc le père, la mère et l'oncle. Tu veux que je leur demande s'ils ont une objection quelconque à ce que nous passions une partie de la soirée dans mon lit ?

Justine – T'es dingue ?

Thibault – Oui, de toi… Il est temps qu'on s'occupe de nous. Je les aime bien, tous, mais ils sont un peu envahissants, non ?

Justine – Un peu, oui…

Thibault – Maintenant qu'ils ont compris qu'on voulait rester seuls ce soir et que leur tentative de libération de Justine a échoué, on peut s'aimer tranquillement.

Justine – Tu crois qu'ils savent pourquoi on voulait plus d'intimité ?

Thibault – Tu prends Nicolas et Jim pour des idiots ? Ils sont au courant qu'on rêve depuis des mois de faire un scrabble géant en tête-à-tête.

Justine – C'est malin !!!

Thibault – Non, je le reconnais mais je commence à en avoir assez de parler d'eux. Je te veux toi et rien que toi.

Et joignant le geste à la parole, mon prince m'a prise dans ses bras et m'a portée jusque dans sa chambre.

On évoque souvent l'influence de la couche d'ozone sur la fonte des glaciers. Personne ne s'est jamais penché sur l'influence des mots d'amour sur la liquéfaction de Justine Perrin. Si j'étais auteur de BD et que je devais réaliser une vignette pour le happy end, je dessinerais une flaque d'eau avec deux yeux pleins d'amour qui surnagent, des Converse rouges et une bouche qui répond : « Moi aussi je te veux toi, rien que toi. »

Série noire

C'est la sonnerie de mon portable qui m'a réveillée ce matin. Il était sept heures et je ne voyais pas qui était le malade qui voulait me parler si tôt. Puis je me suis rappelé ma « soirée torride » avec Thibault, mon départ un peu précipité de chez lui, et j'ai pensé qu'il désirait qu'on en discute avant de se retrouver au lycée.

Justine – Allô ?

– Justine, c'est moi...

Mais à qui appartient cette voix tremblante de créature ayant abusé de la fête ?

– C'est Léa...

LÉA ????? MA LÉA ????

Justine – What's happening ? Where are you ?

Léa – Ce n'est pas drôle... À Londres.

Justine – Mais pourquoi tu m'appelles si tôt ? Tu as un problème ?

Léa n'a pas répondu, j'ai entendu des sanglots étouffés. Si Peter lui avait fait du mal, cette fois-ci j'allais m'occuper personnellement de lui.

Justine – Qu'est-ce qu'il y a Léa ? Pourquoi tu pleures ? C'est Peter ?

Léa – Non...

Justine – Alors quoi ?

Léa – On m'a volé ma valise !

Justine – Quelle valise ?

Léa – Ben la valise que j'avais emportée ! Celle où il y avait toutes mes affaires !

Justine – On te l'a piquée dans le train ?

Léa – Non, dans le car. Comme notre hôtel est à quelques kilomètres de Londres, un car nous attendait en gare de Waterloo cette nuit. On a mis nos valises dans la soute et on est montés s'asseoir. La soute est restée ouverte sans surveillance une dizaine de minutes. Quelqu'un a dû se servir.

Justine – On n'a volé que ta valise ?

Léa – Non. Celle de UM aussi.

la chemise à rayures bleues

Ma Léa,

En lisant un truc dans mon livre de philo, j'ai tout compris à ton amour pour la chemise de ton père. C'est un objet transitionnel !!! Un objet transitionnel ou doudou est un objet utilisé par l'enfant à partir de quatre mois (d'accord, Léa, tu es un peu plus grande mais ça marche quand même) pour se représenter une présence rassurante.

L'objet transitionnel permet de lutter contre l'angoisse. L'objet vient rassurer l'enfant, le réconforter. Winnicott précise qu'il s'agit d'une protection contre l'angoisse de type dépressif, soit l'angoisse, justement, de perdre l'objet – c'est-à-dire l'objet maternel (ça doit marcher aussi pour le père !

Justine – C'est pas vrai !!! Ugly Monster ! Miss Poisse a encore frappé...

Léa – Ouais.

Justine – Qu'est-ce que tu vas faire ?

Léa – Je ne sais pas. La prof m'a dit qu'on réglerait ça ce matin. Je n'ai pas fermé l'œil de la nuit. Tu sais Justine, il y avait la chemise de mon père dans la valise.

Je n'ai rien trouvé à répondre pour atténuer la peine de ma meilleure amie. Cette chemise blanche à rayures bleues, elle l'emporte partout. C'était la chemise préférée de son père et je sais que, certains soirs de cafard, Léa la met pour se rassurer. Le jour du brevet des collèges, elle dépassait de son sac, même chose pour le bac français. C'est son objet fétiche pour ne pas rompre le lien. Elle continue d'ailleurs à vaporiser dessus le parfum de son père pour sentir « l'odeur du papa chaud »...

Justine – Si tu veux je te donnerai mon millepapattes !

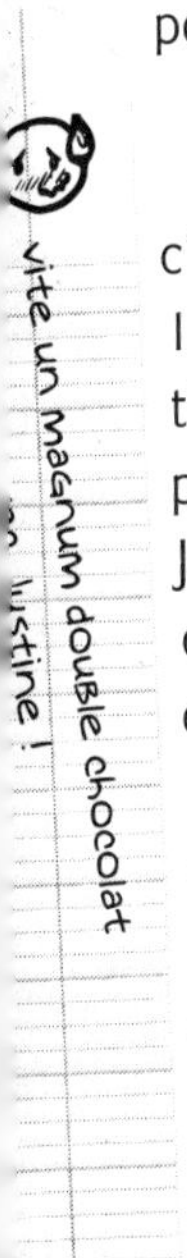

Léa a ri et ça m'a vraiment fait du bien. Mon millepapattes, c'était ma peluche préférée quand j'étais petite... Elle mesure 1,50 m et possède cinquante pattes chaussées de baskets multicolores. Je l'emportais partout avec moi. Ma mère dégoûtée la passait régulièrement à la machine. C'était un vrai déchirement. Je m'asseyais face au hublot et je pleurais en la regardant tourner dans le tambour. Ma peluche est cachée dans mon armoire et je déteste que Théo la touche.

Léa – Merci pour ta proposition mais c'est toi la mère de millepapattes !

Justine – Je suis sûre que tu sauras t'en occuper ! C'est quoi ce bip ?

Léa – Je suis dans une cabine. Mince, je crois que ça va couper.

Justine – Tu n'as pas ton portable ?

Léa – Non, je ne l'ai pas pris, ça coûte trop cher.

Justine – Tu as un numéro où je peux te joindre ?

Léa – C'est le...

BIP BIP BIP.

La conversation a été coupée. J'ai été saisie d'une angoisse monstrueuse. Léa était loin de moi, du chagrin plein le cœur, et je ne savais pas comment la joindre. Avec les téléphones portables, on a tellement la certitude de parler à ses amis dès qu'on le désire qu'on ne se pose plus la question de l'éloignement et du manque. Mais là, privée du « cordon téléphonique », j'ai eu l'impression d'avoir abandonné ma meilleure amie.

J'ai regardé l'heure : sept heures cinq. Il n'était pas question d'appeler Claire et Eugénie pour leur demander le nom de l'hôtel où logeait Léa. J'allais les affoler. Mais pourquoi n'avais-je pas été plus attentive lorsqu'elle m'avait parlé de son voyage la semaine dernière ? J'ai essayé de me remémorer nos discussions, rien ne m'est revenu. Elle n'avait pas été très bavarde à ce propos, certainement à cause de la présence de Peter qu'elle voulait taire. J'ai passé près d'un quart d'heure à me torturer les méninges pour me rappeler un nom de quartier ou un indice qui me permettrait de la retrouver.

Mon portable a de nouveau sonné, j'ai décroché :

Justine – C'est toi Léa ???

Léa – Oui c'est moi. La réceptionniste de l'hôtel me laisse téléphoner une minute. Je lui ai expliqué qu'on m'avait volé mes affaires et que je devais prévenir ma famille.

Justine – Et c'est moi ta famille ?

Léa – Oui !!! J'avais peur que tu paniques après mon coup de fil. Branche-toi sur MSN ou surveille ta boîte e-mail, dans la journée je vais avoir accès à Internet. On pourra discuter.

Justine – Tu ne veux pas que je te rappelle maintenant ?

Léa – Non, la prof vient de descendre, je vais lui demander ce que je dois faire pour ma valise.

Justine – Je pars à sept heures et demie et je finis mes cours à seize heures. Je me connecte dès que je rentre, d'accord ?

Léa – D'accord.

Justine – Je pense à toi. Tout va s'arranger, j'en suis sûre.

Léa – Je sais... Mon père ne me laissera pas dans une galère pareille. I'll get my suitcase back !

Justine – Yes of course, pas de souci. Je traduis au cas où tu manquerais de vocabulaire !

Léa – Merci !!! Justine, pas un mot à ma mère et à Eugénie. Elles seraient capables de débarquer toutes les deux dans la seconde.

Justine – Promis ! I swear !

Léa – Et bonne chance pour ton exposé de SVT. Je suis certaine que tu réussiras à mettre un préservatif à ton gonfleur de ballons en un tour de main. Good luck !

Mais comment Léa fait-elle pour toujours penser aux autres, même au milieu de la tourmente ? Je n'ai pas pu m'empêcher de me confier.

Justine – Je crois que j'ai compris comment on procédait. J'ai pris un cours hier soir avec Thibault.

Léa – Quoi ???

Justine – Eh oui, tu n'es pas la seule à vivre des expériences passionnantes... Je te raconterai sur MSN tout à l'heure.

Léa – D'accord mais je veux tous les détails. Got to go !!! Je dois y aller !!!

Justine – Big bises.

Léa – Me too.

Lorsque j'ai raccroché, je me suis aperçue que ma mère était à l'entrée de ma chambre et me fixait d'un air bizarre. Depuis combien de temps me fixait-elle ainsi ?

La mère – À qui tu parles en anglais de si bonne heure alors que tu t'es couchée si tard ?

Ah non, elle repart sur la crise qu'elle a piquée hier soir parce que je suis rentrée à onze heures. C'est bon, j'ai eu mon quota de reproches.

Justine – À Léa.

La mère – Elle n'est pas à Londres ?

Justine – Si, mais ils ont le téléphone là-bas tu sais.

La mère – Et est-ce qu'ils ont des mères qui préparent des oranges pressées le matin pour leur insolente de fille ?

Eh, quelle repartie cette Sophinette ! Je la vanne gentiment et elle me menace implicitement d'une grève sans préavis de la sanguine pressée.

Justine – Seulement les mères qui ont de gentilles filles qui traversent toute la ville pour acheter du pain bio alors qu'il y a une boulangerie juste en bas.

Et toc, ça va lui faire du bien ce petit rappel.

La mère – Quel effort !!! Elles sont vraiment formidables ces filles qui vont acheter du pain. Et qu'est-ce que font leurs mères pendant ce temps-là ? J'imagine qu'elles se prélassent sur le canapé ! Elles ne doivent faire ni le ménage, ni la cuisine, ni les courses...

Je retire ce que j'ai dit il y a un instant. Ma mère n'a pas le sens de la repartie, elle a le sens de la répétition !

La mère – Elles ne prennent pas de congé quand les enfants sont malades, elles ne les accompagnent pas chez...

Justine – Tu peux t'arrêter, je vais sous la douche !

La mère – Le dentiste, l'orthophoniste, elles ne les déposent pas au cours de danse, de judo...

Comme elle continuait sa liste d'activités, j'ai filé à la salle de bains.

Le temps que la chaudière se mette en route, j'avais fini de prendre ma douche, je suis donc sortie de là totalement frigorifiée. Tandis que je m'habillais, je pensais à la journée chargée qui m'attendait : mon exposé sur les préservatifs en SVT, la discussion que je devais avoir avec Thibault, et puis rentrer au plus vite pour prendre des nouvelles de Léa.

Allez, à la cuisine ! J'avais besoin d'une tasse brûlante d'Earl Grey et de tartines pour me donner la force de supporter tout cela.

– Demande à Justine d'en boire, elle te dira elle aussi que c'est dégoûtant.

Quoi encore ?

Théo debout, les mains sur les hanches, refusait d'avaler le bol de chocolat au lait que ma mère avait posé devant lui.

La mère – Et je peux savoir, Théo, ce qu'il y a de dégoûtant dans un bol de chocolat au lait ?

Théo – C'est pas du vrai lait.

La mère – Comment ça, pas du vrai lait ?

Mon petit frère a sorti de la poubelle une bouteille blanche et verte sur laquelle une biquette était dessinée. Oh elle exagère !!!! Elle a essayé de lui fourguer son lait de chèvre bio. Ça a un goût immonde !

Théo – Tu vois que c'est pas une vraie bouteille de lait. Il y a une chèvre dessus.

La mère – Et tu aurais préféré quoi ? Un dromadaire ? Un poussin ? Une marguerite ?

– Qu'est-ce qui se passe ici ?

J'adore quand mon père arrive au milieu d'un conflit et qu'il prend sa grosse voix d'arbitre qui va tout régler. Généralement, son intervention provoque le chaos total.

La mère – Théo ne veut pas boire son lait.

Théo – C'est pas du lait et j'ai des preuves.

Il lui a tendu sa pièce à conviction d'un air grave, mon père l'a examinée.

Le père – C'est bien du lait.

La mère – Ah ! Qu'est-ce que je disais !

Le père – Mais pas du lait pour enfants.

Théo – Ah ! Qu'est-ce que je disais !

Maman/Théo : 1-1 !

La mère – Et je peux savoir pourquoi ce n'est pas du lait pour enfants ?

Le père – C'est du lait de chèvre et mon fils n'est pas un chevreau.

Papa marque ! La vie de famille est pleine de rebondissements.

La mère – En temps normal, il boit du lait de vache et notre fils n'est pas un veau.

Papa/maman : La balle au centre !

Bon, avant que mes parents passent en revue tous les animaux de la ferme et leur progéniture, je file. Je m'achèterai un croissant en route et je boirai un thé au lycée.

Il n'y avait personne quand je suis arrivée dans la cour. Normal j'avais près de vingt minutes d'avance et le matin, chaque minute compte quadruple. J'ai pris un Paic citron au distributeur et ça m'a fait tout drôle de le boire sans Léa. J'ai réalisé à quel point elle me manquait.

Où pouvait-elle être à cette heure-ci et dans quel état ? Elle avait plaisanté lors de son deuxième appel mais j'étais certaine qu'elle avait masqué ses émotions pour ne pas m'inquiéter. J'ai été interrompue dans mes réflexions par une voix qui m'a littéralement explosé les tympans.

– T'es au courant pour la valise de Léa ?

Qui pouvait savoir que la valise de Léa avait disparu ? À part un agent secret du FBI enquêtant sur le vol des bagages des Frenchies prenant le car en gare de Waterloo, je ne vois pas... Ah si ! Ninon alias Radio langue de VIP. Elle doit avoir un réseau de pestes anglaises que je n'ai pas l'intention de relayer. Elle n'apprendra rien par ma bouche.

Justine – Oui, je suis au courant.

Ninon – Il paraît qu'elle était assise à côté de Ugly Monster.

Justine – Hum hum.

Ninon – Grossière erreur.

Justine – Hum hum.

Vous avez remarqué ? Pour être sûre de ne rien lui révéler, j'adopte la méthode psy. Je laisse l'autre délirer et je ponctue mon discours d'un « hum hum » qui laisse croire que je suis parfaitement attentive. Ça peut finir par agacer mais, avec des gens qui aiment s'écouter parler, ça fonctionne bien.

Justine – Hum hum.

Ninon – Tu es enrouée ?

Ah mince, j'ai fait deux fois hum hum de suite sans lui laisser la possibilité de placer une info, c'est pour ça qu'elle l'a remarqué. Je vous assure qu'en temps normal, on peut hum-humer plusieurs fois de suite.

Pour m'en débarrasser, j'ai prétexté un coup de téléphone urgent à donner avant que la cloche sonne.

Ninon – Tu vas appeler Léa ?

Incorrigible...

La matinée est passée à la vitesse d'un escargot dépressif et j'ai attendu avec une certaine tension l'heure de la cantine pour rejoindre Thibault que je n'avais pas réussi à voir à la pause de dix heures. Il fallait qu'on parle de notre soirée ratée d'hier.

J'ai eu beau chercher, je n'ai trouvé que Nicolas alias le cousin corse, qui apparemment n'avait pas digéré mon rendez-vous nocturne avec mon prince. Il m'a tourné le dos dès qu'il m'a vue.

Justine – Bonjour mon cousin chéri !

Nicolas – Salut !

Il a grommelé « Salut » mais il fallait entendre « Dégage, j'ai pas envie de te parler, ton histoire avec Thibault me gonfle au plus haut point ». Je n'ai donc pas osé lui demander s'il avait vu my lover.

Je me suis assise plus loin et j'ai avalé une semelle hachée avec des frites. Pardon, un steak haché avec des frites !!!

Dans le genre journée pourrie, celle-là remportait la palme d'or. Dire qu'en dernière heure, je devrais sortir un sexe en plastique et des préservatifs devant une classe en folie. Je ne le sentais pas, mais alors pas du tout.

Je souhaitais que ce moment n'arrive jamais !

Et pourtant... À quinze heures, la prof de SVT, Mme Chabret, est entrée dans la classe. Elle n'a pas attendu pour me prévenir :

La prof de SVT – Justine, je fais l'appel et je vous cède la parole.

Oui enfin, la parole c'est une façon de parler. J'ai pris le sac où se trouvait mon « matériel pédagogique » et je me suis préparée à monter à l'échafaud. Mes camarades sortaient leur classeur d'un air morne, ils n'imaginaient pas un instant le show auquel ils allaient assister.

La prof de SVT – C'est à vous Justine. Je vous laisse faire votre exposé.

Ah non, c'était pas prévu... Je devais juste enfiler le machin sur le truc, pas donner une conférence. Je suis allée m'asseoir au bureau de la prof, mon sac collé contre ma poitrine.

Lorsque trente paires d'yeux se sont braquées sur moi, j'ai pensé très fort : je ne serai jamais prof et je dois trouver le moyen de mourir en moins d'une seconde pour ne pas sortir du sac... ce que vous savez.

Mais comme il n'est pas facile de mourir en moins d'une seconde, j'ai marmonné une introduction.

Pour être tout à fait honnête, j'ai lu une définition trouvée sur Internet.

Justine – Le sida est une maladie sexuellement transmissible qui peut atteindre tout individu ayant des rapports non protégés avec une personne ayant contracté le virus. Il n'existe actuellement aucun vaccin contre cette maladie. Seul le..., le...

Jusque-là, j'avais réussi à aligner plusieurs mots de suite sans bégayer, mais impossible de prononcer le mot « préservatif » en classe. Tant pis, je ne le dis pas. Je passe directement à la suite.

Justine – ... protège d'une contamination.

La prof de SVT – Excusez-moi Justine, je n'ai pas compris votre dernière phrase.

Justine – Euh... Protège d'une contamination.

La prof de SVT – C'est le début de votre phrase que je n'ai pas compris.

Normal, je ne l'ai pas prononcé.

La prof de SVT – Pouvez-vous répéter la phrase entière ?

Justine – Seul le... le...

Michael a hurlé :

Michael – La capote, Justine, la capote !!!

Ceux qui jusque-là ne s'étaient pas manifestés ont éclaté de rire. Ah non, s'ils s'y mettent tous, je n'y arriverai pas. La prof qui a senti le dérapage avant même que je présente le matériel pédagogique est vite intervenue.

La prof de SVT – Je vous remercie, Michael, pour cette aide précieuse mais je vous demanderai dorénavant de lever la main avant d'intervenir et surtout d'employer les termes adéquats. Nous sommes en cours de SVT et non sur un forum de discussion. Le terme de préservatif est à utiliser ici. Reprenez, Justine.

Justine – Le... le...

Tous mes camarades ont clamé : « le pré-ser-va-tif », « le pré-ser-va-tif ».

Justine – Lui-même... protège d'une contamination.

Je ne cherchais pas à être drôle pourtant mon « lui-même » a déclenché l'hilarité générale. En temps normal, ce succès m'aurait galvanisée mais là, il m'a totalement paralysée. Comment sortir l'engin dans cette ambiance survoltée ? À voir la tête de ma prof, je n'étais pas la seule à craindre le pire.

Elle a demandé le silence pour me permettre de continuer. J'ai repris le cœur battant.

Justine – Il est donc obligatoire de se protéger si on ne connaît pas l'état sérologique de son partenaire. Séropositif, le partenaire est porteur du virus et peut le transmettre, séronégatif (depuis plus de trois mois et sans rapports non protégés dans l'intervalle), le partenaire est sain. Certaines règles doivent être respectées quand on met un... un...

Pour éviter que les élèves ne rejouent le chœur des vierges, la prof a prononcé le mot avant eux.

La prof de SVT – Préservatif.

Justine – Oui, c'est cela... Et je vais vous montrer tout de suite comment cela se passe.

J'ai entendu Michael qui chuchotait à son voisin :

Michael – Si elle a besoin du modèle XXL, je me porte volontaire.

J'ai fermé les yeux pour me couper de la réalité. Cet exposé était un cauchemar. Je devais me lever et quitter la classe au plus vite. Mais Mme Chabret a été plus rapide que moi.

La prof de SVT – Et pour vous expliquer la pose du préservatif, j'ai confié à Justine la reproduction d'un sexe d'homme en érection. Bien entendu, il s'agit d'un objet dont l'utilisation est purement pédagogique.

Durant quelques secondes, il y a eu un silence incroyable puis quelques ricanements de garçons ont éclaté et enfin un fou rire général a secoué la classe. La prof n'a pas réagi.

La prof de SVT – Bien... Maintenant que vous avez suffisamment ri pour masquer votre gêne, abordons les choses de façon scientifique. Justine, pouvez-vous nous montrer la verge en plastique ?

Le fou rire a repris puissance mille. Je me suis accrochée à mon sac en priant pour que l'incroyable arrive : un tsunami, une guerre atomique, une amnésie générale.

La prof de SVT – Justine, s'il vous plaît, nous vous attendons.

Ah ça pour attendre, ils attendaient tous. Les garçons surtout. Enfin les garçons sauf un... Brice au premier rang écrivait dans un petit carnet à spirale. Il calculait quoi là ? Le nombre moyen d'utilisateurs de préservatifs dans une classe de terminale ?

J'ai glissé ma main dans le sac et j'ai sorti l'objet du délit. Malheureusement pour moi, je l'ai pris à l'envers, pointe vers le bas, et je l'ai montré dans ce sens à la foule en liesse.

La prof de SVT – Vous aurez assez peu l'occasion d'avoir à mettre un préservatif dans ce sens, donc je vous conseille de reprendre la verge à l'endroit.

Je croyais avoir eu déjà honte dans ma vie mais non, ce n'étaient que des petites gênes. J'ai connu la honte totale. Mes joues ont viré au rouge écarlate. J'ai retourné l'engin. Je m'apprêtais à sortir les préservatifs du sac pour en finir avec ce maudit exposé lorsqu'on a frappé à la porte.

Le proviseur a fait son apparition.

La prof qui était assise sur une table au fond de la classe s'est levée aussitôt mais il ne l'a pas vue. Pour lui, le prof c'est la personne qui est assise au bureau.

Or c'était moi qui m'y trouvais, brandissant un sexe en plastique. Je suis restée figée comme s'il y avait eu un arrêt sur image.

Mme Chabret s'est précipitée pour sauver la situation.

La prof de SVT – Bonjour monsieur le proviseur.

M. Présario a dû aussi rester sur le mode pause parce qu'il n'a pas détourné son regard du pénis. Il est resté la bouche ouverte. Seuls ses yeux horrifiés s'agrandissaient de seconde en seconde.

La prof de SVT – Justine, voulez-vous interrompre un instant votre exposé sur le sida et le préservatif ? Monsieur le proviseur souhaite s'adresser aux élèves.

Alors qu'il avait encore le regard fixé sur moi, l'œil droit du proviseur a cligné à toute allure. Sa bouche a accompagné le mouvement. Puis se reprenant, il s'est placé devant moi, me tournant délibérément le dos.

Le proviseur – Si je viens aujourd'hui dans votre classe, c'est pour vous prévenir qu'à partir de la semaine prochaine, des anciens élèves du lycée Colette aujourd'hui étudiants en médecine, en droit, en économie et dans bien d'autres domaines, viendront vous parler de leurs études, de leurs filières et de leurs débouchés. Ces réunions ne sont pas obligatoires puisqu'elles auront lieu en dehors des heures de cours, pourtant je vous conseille vivement d'y assister. Vous devrez bientôt choisir votre orientation pour l'année prochaine et il est important que vous soyez informés.

M. Présario s'est exprimé dans un silence total mais personne ne l'écoutait vraiment. Tous les yeux étaient rivés sur moi. Je n'avais toujours pas réussi à baisser le bras malgré les gestes discrets de la prof et des élèves. Si quelqu'un avait filmé la scène du fond de la classe, on aurait vu apparaître à l'image le proviseur du lycée Colette avec un sexe d'homme en plastique au niveau de l'oreille droite.

Remarquez, il n'est pas resté longtemps. Après avoir remercié la prof, il est sorti en faisant quelques pas de côté. Je crois que l'idée de me revoir lui était totalement insupportable. Lorsque la porte s'est refermée sur lui, il y a eu un soupir collectif.

La prof de SVT – Vous pouvez baisser le bras, Justine. Je crois que je vais finir l'exposé à votre place. Vous ne me semblez pas en état de continuer.

Elle n'a pas eu à me le répéter deux fois. J'ai posé le matériel sur le bureau et j'ai filé à ma place. Je n'ai pas pu écouter le reste du cours, j'étais dans un état d'hébétude totale.

La sonnerie m'a rappelée à la réalité.

Partir...

Rentrer maison...

Parfois je me sens super proche de ET.

Je n'ai pas attendu Thibault à la sortie du lycée. J'ai pris le bus comme on prend une aspirine quand on a mal à la tête. Vite, sans réfléchir, en espérant que ça réglera le problème.

Il n'y avait personne chez moi lorsque je suis arrivée et j'ai béni le ciel pour ce moment merveilleux de solitude. Bien sûr, j'allais me connecter sur MSN pour discuter avec Léa, mais d'abord me préparer un Earl Grey. Je l'avais mérité. J'ai récupéré *Elle* que ma mère avait laissé au salon et je me suis installée dans la cuisine. J'adore la rubrique « C'est mon histoire ». Chaque semaine, une lectrice raconte une histoire d'amour qui finit bien.

J'ai lu celle de la superwoman qui, après des vacances en Inde, a décidé de tout liquider en France et d'épouser son guide qui ne parlait que hindi ; l'histoire de celle qui, le jour de son mariage, a réalisé qu'elle aimait son meilleur ami et a demandé le divorce le lendemain de ses noces ou bien celle de la lectrice qui a attendu sagement dix ans un homme marié parce qu'elle savait qu'elle allait finir sa vie avec lui. À quel merveilleux conte allais-je avoir droit aujourd'hui ? J'ai lu : « Comment mon cousin et mon meilleur ami ont failli détruire mon couple. »

J'ai aussitôt refermé le magazine. Et décidé de ne lire ni mon horoscope solaire, ni le lunaire ni la numérologie aujourd'hui. C'est une journée noire.

J'ai bu mon thé en comptant le nombre de rayures sur un torchon, ce qui normalement ne devrait pas avoir trop d'incidences sur mon état psychologique.

De retour dans ma chambre, j'ai allumé mon ordi et regardé mes mails. Léa m'avait certainement laissé un message pour me dire à quelle heure on pourrait discuter.

Ma messagerie annonçait six nouveaux messages. Yes !!!

J'allais enfin savoir ce que devenait mon Anglaise préférée.

Chapitre-com

Astrocenter

Partirpascher

Bouygues Telecom

Plus deux spams : *hey Joe !* et *kill yourself.*

C'est beau la vie quand on a des amis...

Je me suis connectée sur MSN, Léa y était peut-être déjà. Pas âme qui vive ! Formidable. La journée continuait comme elle avait commencé. Je me suis roulée en boule sur mon lit, mon iPod à fond.

J'ignore combien de temps je suis restée comme ça. Suffisamment longtemps pour avoir raté cinq appels de Thibault sur mon portable !

J'ai écouté ses messages et le son de sa voix m'a immédiatement donné envie de le voir. Dans le premier message, il me proposait de le rejoindre au café près du lycée. Au cinquième et une demi-heure plus tard, le ton était moins enthousiaste : il m'annonçait qu'il avait un rendez-vous et qu'il ne rentrerait pas avant dix heures ce soir.

Ça s'achète où le cyanure ?

Personne ne sait ? Bon, ben je vais tenter de résoudre mes cinq exercices de maths pour demain, ça doit faire le même effet.

Alors que je m'asseyais à mon bureau, j'ai vu que Léa s'était connectée. Son pseudo du jour était « Sans Valise Fixe ». Je me suis ruée sur mon ordi.

Justine : Coucou Léa, c'est moi. Alors, des nouvelles de ta valise ??? Any good news ?

Sans Valise Fixe : Ah enfin... ça fait dix minutes que j'attends que tu te connectes. Raconte !!! Tell me everything about IT !

Justine : Non c'est toi qui racontes !

Sans Valise Fixe : You're kidding ? Tu te moques de moi ??? Tu passes ta soirée seule avec Thibault et tu veux que je te parle de ma valise ?!

Justine : Je ne dirai rien de ma soirée torride si tu ne me donnes pas d'infos sur ta valise.

Sans Valise Fixe : Aucune nouvelle... J'ai attendu toute la matinée au service des réclamations de la compagnie de cars. Ils m'ont fait remplir un formulaire de dix pages dans lequel je devais décrire chaque vêtement perdu, préciser sa marque et sa valeur. Je ne connaissais pas la moitié des mots en anglais. J'ai révisé le chapitre garde-robe.

Justine : Ta prof ne t'a pas aidée ?

Sans Valise Fixe : Elle était partie avec le groupe.

Justine : Quoi ? Elle t'a laissée toute seule ????

Sans Valise Fixe : Elle devait accompagner les élèves pour la balade en bateau sur la Tamise.

Justine : Et Peter ?

Sans Valise Fixe : Il avait un rendez-vous. Il était désolé mais il n'a pas pu rester avec moi.

Je savais que si je révélais à Léa ce que je pensais de son cher Peter, à savoir « Quel gros nul, il n'est jamais là pour toi quand tu as des ennuis. Pour une fois qu'il aurait pu servir à quelque chose, il a encore choisi de te laisser tomber. What a clown ! », elle ne me le pardonnerait pas. J'ai donc opté pour la solution « changement de pseudo ». On fait souvent ça avec Léa quand on se connecte sur MSN. On se confie l'essentiel à travers les pseudos.

Justine qui ne commente pas l'absence de Peter mais n'en pense pas moins : Du coup, tu es restée seule toute la journée...

Léa qui apprécie l'absence de commentaires sur l'homme qu'elle aime : Non ! La prof m'avait donné rendez-vous à treize heures au pied de Big Ben. J'ai donc retrouvé le groupe et on est allés déjeuner. À propos, tu me jures que tu n'as pas appelé Eugénie pour la prévenir du vol de ma valise ?

Justine qui n'a qu'une parole : Juré craché, I swear... Pourquoi ??? why ???

Léa petite-fille de sorcière : Elle a appelé la prof afin de savoir pourquoi j'étais si triste.

Justine la mortelle : Comment elle a su ???

Léa sorcière nouvelle génération : Le pendule ? Le tarot ? Le rêve éveillé ? Le fluide ? Avec les sorcières aux méthodes traditionnelles, tout est possible. En tous les cas, alors que je remplissais mon formulaire de déclaration de perte, la secrétaire de la compagnie des cars m'a passé le téléphone en me disant : « Call for you ». J'ai pensé qu'elle se trompait de personne mais comme elle insistait, j'ai fini par prononcer un timide Allô. C'était Eugénie !!!

« Dis donc, m'a-t-elle hurlé dans les oreilles, j'ai réfléchi. Il serait temps que tu fiches à la poubelle tes vieilles robes. Elles ont fait leur temps. Je viens de te virer trois cents euros sur ton compte, prends plaisir à dépenser cet argent avec ta carte bancaire en rapportant de jolies choses de Londres. J'ai regardé sur Internet, tu trouveras ton bonheur à Camden Market. »

Je n'ai pas demandé à Eugénie d'où elle tenait toutes ces informations, je lui ai juste rétorqué que cet après-midi on visitait la National Gallery et que, malgré sa proposition alléchante, je n'aurais pas le temps de faire les magasins.

« Non, m'a-t-elle répondu, cet après-midi, vous allez à Camden Market. »

Je n'ai pas cherché à la contrarier. C'est une sorcière mais elle n'a pas tous les pouvoirs.

Justine folle de jalousie pour ce sponsor de shopping à Londres : Et alors ???

Léa qui a eu tort de douter du pouvoir de ses ancêtres : Après s'être payé Le Globe, la Tour de Londres, Saint Paul, la Tate Britain, on est allés à Camden Market... Trop fun !

Justine qui bave d'envie devant une telle chance : Et alors ???

Léa aux dix mille robes : J'ai un look d'enfer et un super cadeau pour toi !!!

Justine folle de curiosité : What is it ?

Léa qui n'a pas oublié que sa meilleure amie a passé une soirée unique : Que s'est-il passé exactement ???

La nouvelle Justine : Ce qui devait arriver.

Léa qui n'aime pas les énigmes des gâteaux des restaurants chinois : Sois plus claire, please.

Justine la prude : Ça y est, c'est fait.

Léa qui ne se contentera pas d'une formule lapidaire et préférerait un plan construit : Conditions ? Réalisation ? Résultat ? Conclusion ?

Léa

Ma Justine, je te promets qu'on reviendra ici ensemble. C'est là que j'ai acheté toutes mes fringues avec les sous d'Eugénie.

Camden Market est l'un des plus grands marchés permanents d'Europe. Il regorge de boutiques et de friperies en tous genres. L'ensemble est très animé, les prix sont plutôt bas, on en sort à chaque fois avec une affiche, une paire de lunettes de soleil, un vinyle ou une robe gothique pour pas cher. On y croise des individus de toutes sortes, toujours très colorés : punks, hippies, goths et autres individus non identifiables.

La Doc Martens animée au-dessus du « shop » officiel est trop top !

De nombreux stands proposent de la cuisine exotique pour quelques livres sterling.

Le must : descendre à la station de métro Camden Town, c'est absolument incontournable à Londres.

Aujourd'hui, 18h57 · J'aime · Commenter

Justine aime ça.

Justine envoyé spécial : Conditions catastrophiques. Nicolas, Jim, Yseult, Ingrid, Théo interrompant l'approche, intervenant à peu près toutes les cinq minutes + un tee-shirt Snoopy et des chaussettes dépareillées à planquer discrètement. Réalisation désastreuse : fou rire au mauvais moment. Impossibilité d'oublier le gonfleur de ballons et nos essais dans ma chambre. Résultat, agacement, perte de moyens, excuses gênées puis reprise des activités. Conclusion : bof !

Léa la romantique qui croit en l'amour : Bof ?????? C'est rarement génial la première fois. Il faut recommencer très vite pour ne pas créer de problème là où il n'y en a pas. Don't worry !

Justine qui n'est pas très pressée : Je ne suis plus très sûre d'en avoir envie.

– Coucou, je suis là !!!!

J'ai poussé un hurlement.

Justine – Théo !!! Je t'ai déjà dit de frapper à la porte de ma chambre avant d'entrer et de ne pas crier. Je ne t'ai pas entendu arriver et tu m'as fait très peur.

Théo – J'ai deux choses super importantes à te dire. La première : on a rapporté des galettes de riz au chocolat.

Justine – Super, n'oublie pas de les ranger dans la poubelle.

Après avoir hésité un moment sur le sens de mes paroles, Théo a éclaté de rire.

Théo – Et puis...

Justine – Et puis rien, sors de ma chambre, je discute avec Léa sur MSN.

Théo – Mais je dois te...

Justine – Tu ne dois rien du tout, sors immédiatement de cette chambre.

Justine à la fashion victim : Excuse-moi pour ce silence, je viens de virer Théo.

Léa qui ne tient pas à changer de sujet : Tu as vu Thibault aujourd'hui ?

Justine qui préférerait qu'on parle d'autre chose : C'est pas ce soir la sortie théâtre avec ton irrésistible brun ?

Léa qui respecte ton silence mais reprendra cette discussion en live dimanche soir : Si... Tonight's the night. À part ma tenue d'enfer, tu ne sauras rien. Imagine un bustier en guipure noire et par-dessus une longue chemise en dentelle avec un jupon rouge sang. Avec mes Doc noires et ma grosse bague aux hippocampes, je serai ultra glamour.

Justine qui aimerait t'accompagner au bal des vampires : Avec son manteau noir et sa queue de cheval, il sera assorti, le Peter. Go get it girl.

On a frappé à la porte de ma chambre. Théo tentait une nouvelle incursion.

Théo – Justine, il faut que...

Justine – Théo, dehors.

Théo – Mais je dois te...

J'ai pris mon air des mauvais jours.

Justine – Théo, tu obéis !!!

Mon petit frère a filé en hurlant :

Théo – Eh ben tant pis pour toi. Je ne te donnerai pas le message secret que Thibault a écrit pour toi.

Quel message secret de Thibault ???

Justine – Théo, reviens ici immédiatement.

Une voix m'a répondu du fond de l'appartement :

Théo – Même pas en rêve !!!

Justine : Il paraît que Thibault a confié à Théo un papier secret pour moi. Le nain ne veut pas me le rendre.

Léa qui ne négocie pas avec les chenapans : Chatouille-lui les pieds, tire-lui les cheveux, mords-lui l'oreille mais récupère le billet !!! Vas-y, je ne bouge pas de l'écran !!!

J'ai couru jusqu'à la chambre de Théo. Du haut de sa mezzanine, il m'a bombardée de peluches pour m'empêcher d'approcher.

Théo – Va dans le métro, sac à glace !!!

Justine – Théo, donne-moi ce papier immédiatement.

Théo – Pas question.

Justine – Théo, je vais me fâcher.

Théo – Trois euros...

Justine – Quoi ????

Théo – Je te le vends trois euros sinon je le mange.

Et joignant le geste à la parole, mon horrible petit frère a roulé le papier en boulette et l'a mis à sa bouche. J'ai hurlé :

Justine – Noooon !!!! Je vais chercher l'argent.

J'ai honte de l'avouer mais je me suis pliée à la volonté du monstre-chanteur. Je lui ai donné ses trois euros et je suis retournée dans ma chambre en serrant le butin dans ma main.

Justine victime d'un chantage odieux : Je viens de payer trois euros à mon petit frère pour récupérer le message de Thibault.

Léa Machiavel qui pense que la fin justifie les moyens : Peu importe... Lis-le.

Justine qui rêverait d'être enfant unique : « J'ai pensé à toi toute la journée. J'ai annulé mon rendez-vous, je t'attends chez moi. Ensemble on fera... »

Léa témoin de la plus romantique des déclarations : On fera quoi ??? Pourquoi tu t'arrêtes ???

Justine qui va assassiner son frère : C'est pas que je ne veuille pas te le lire, la bave de Théo a effacé le dernier mot.

Léa qui ne comprend pas ce que vient faire ici la bave de Théo : Descends immédiatement rejoindre Thibault. Now !

Justine la trouillarde : Tu crois ????

Léa qui croit en l'avenir de cette belle histoire d'amour : Je ne te servirai pas une seconde de plus d'alibi pour rester devant ton ordi. Salut !!! Goodbye ! So Long ! Farewell ! See you later !

Et elle s'est déconnectée.

Mais elle est folle ? Je suis incapable de prendre une décision sans elle !

J'ai relu les quelques lignes écrites par Thibault et je suis restée un long moment à m'interroger.

Bien sûr je désirais le rejoindre pour me blottir dans ses bras mais je craignais nos retrouvailles, après cette première fois un peu ratée.

J'ai pris la pièce d'un euro qui était dans ma poche, la seule qui me restait après le racket fraternel.

Face, je descends tout à l'heure.

Pile, je fais comme si je n'avais pas reçu le message.

Je l'ai lancée en l'air...

Tu veux
être invité à des soirées
hyper cool dans le jardin de la maison bleue
avec Léa, Ingrid, Jim, Nicolas, Thibault et moi ?

Tu veux vivre *des aventures* dans lesquelles
on va se mettre tout seuls dans *de grosses galères* ?

Tu veux voir comment *l'amour* va nous rendre, au choix :
joyeux, aveugles ou dépressifs ? Voire les trois à la fois...

Tu veux enfin savoir comment *l'amitié, la vraie, la seule, l'unique*, va nous sauver de tout ? Ou pas...

Alors lis **Le grand moment que j'attendais – 2** !

Tu ne vas pas être déçu...

L'auteur

Après avoir passé toute son enfance à rêver au milieu des livres dans la librairie de son père ou dans l'imprimerie de son grand-père, Sylvaine Jaoui a décidé une fois pour toutes que la vie était un roman. Elle s'est donc mise à raconter des tas d'histoires à dévorer entre deux tranches de carton.

Aujourd'hui, si vous ne la trouvez pas en train d'écrire sur la table de sa cuisine, vous avez quatre possibilités : soit elle écoute Bach en regardant le soleil se lever, soit elle regarde des séries avec ses filles en mangeant des fraises Tagada, soit elle est sur la colline éternelle à rire avec des amis, soit elle est dans son lycée à Paris, lisant des romans à sa tribu d'ados.

Retrouvez Sylvaine Jaoui :

sur son blog
sylvainejaoui.fr

sur sa page Facebook,
Sylvaine Jaoui, auteur

L'illustratrice

Lorsqu'elle est née, la petite Colonel Moutarde a déclaré à sa maman qu'elle voulait être dessinateuse. C'est chose faite. Il lui faudra cependant quelques années avant d'être publiée, mais on ne décourage pas facilement un Capricorne.

Elle publie dorénavant chez de grands éditeurs de bandes dessinées (sa passion), en presse et en publicité.

Elle aime par-dessus tout mettre en images de chouettes histoires et ne boude pas pour autant les petits plaisirs de la vie comme de réveiller le chat qui fait la sieste, porter des bijoux gothiques pour effrayer ses enfants et s'acheter des tutus.

Retrouvez
Justine & les CIK
en
bande dessinée !
NOUVEAU
Tome 1
Sylvaine Jaoui • Véronique Grisseaux • Sophie Ruffieux
Ma vie selon Moi
T.1 Le jour où tout a commencé
VENTS D'OUEST
VENTS D'OUEST

Rejoins la communauté
sur la page officielle Facebook

Ma Vie selon Moi

Dans la même série

Le jour où tout a commencé

C'est encore l'été mais ça sent déjà le lycée !

À quatre jours de l'entrée en terminale, j'ai donné rendez-vous à mes meilleurs amis chez moi... Moi, c'est Justine, et vous ?

Dans la même série

La rencontre qui a tout changé

Je vous ai déjà parlé de Thibault, mon nouveau voisin ?

Il a suffi qu'il pose les yeux sur moi pour que j'aie la gorge serrée, les mains moites, les jambes tremblantes...

Et même si Léa me dit qu'il est trop tôt pour le savoir, moi, j'en suis certaine, c'est lui l'homme de ma vie !

La soirée dont j'ai tant rêvé

Il a suffi d'un baiser innocent et sans importance pour que ma vie soit bouleversée. À jouer avec le feu, j'ai tout perdu. Ma belle histoire avec Thibault semble terminée. À moins que la soirée qui se profile me permette de le reconquérir. À nous deux l'amour !

Le happy end que j'espérais

5, 4, 3, 2, 1... le bac, c'est demain !

Allez, on arrête de réviser et on va faire un tour en barque, tous ensemble, pour échanger fous rires et confidences.

Mais est-ce réellement une bonne idée ?

L'avenir comme je l'imaginais... ou pas

Ça y est ! Le bac est derrière nous et la vraie vie peut débuter. C'est le moment de faire le point sur nos envies et surtout... de les réaliser. À commencer par la recherche de l'appartement idéal et la conquête de la liberté qui s'offre enfin à nous.

Mais si l'avenir nous sourit, est-il vraiment tout tracé ?

Dans la même série

Ensemble, enfin !

Prêts pour un nouveau départ ? Alors ciao la maison bleue, hello la maison rose ! Emménagement, nouveaux repères, choix d'une colocataire, début des cours... que de changements en perspective !

Mais l'essentiel c'est qu'on vive tous ensemble. Enfin presque tous. Si seulement Thibault n'était pas si loin... et le beau Thomas si près de moi !

Sous le soleil de Floride

Ça y est, nous sommes tous dans l'avion direction Miami ! Nous partons rejoindre Thibault qui nous a concocté des vacances de rêve : balades en mer, soirées folles et visites pleines d'imprévus... Pourtant je suis inquiète. Comment vont se passer nos retrouvailles ? Le temps du vol, j'imagine tous les scénarios possibles...

sauf le bon ! La vie réserve d'incroyables surprises !

Rien ne sépare ceux qui s'aiment

C'est l'effervescence à la maison rose ! Ingrid nous a annoncé l'arrivée de son lover américain, Nicolas a décidé de changer d'orientation, Jim mène sa vie en douce et Léa a l'air de douter de ses amours.

En ce qui me concerne, je révise, je révise, je révise... Thibault est loin de moi, je ne sais plus quoi penser de Thomas.

Mais il est où le prince charmant ???

Les secrets de la série

NOUVEAUTÉ

PAPIER À BASE DE FIBRES CERTIFIÉES

RAGEOT s'engage pour l'environnement en réduisant l'empreinte carbone de ses livres.
Celle de cet exemplaire est de :
450 g éq. CO_2
Rendez-vous sur www.rageot-durable.fr

Achevé d'imprimer en France en décembre 2017
chez Normandie Roto Impression s.a.s., à Lonrai
Dépôt légal : février 2018
N° d'édition : 5658 - 01
N° d'impression : 1705443